Una relación más dulce

Evonne Weinhaus
Karen Friedman

Una relación
más dulce

Cómo aumentar la cooperación,
responsabilidad y autoestima de su hijo
evitando enfrentamientos inútiles

Ilustraciones de Lillian Habinowski

ediciones
PAIDOS

Barcelona-Buenos Aires-México

Título original: *Stop Struggling With Your Child.*
Quick-tip parenting solutions
that will work for you and your kids, ages 4 to 12

Publicado en inglés por Harper Perennial.
A Division of Harper Collins Publishers

Traducción de Irene Cudich

Fotografía de cubierta de Arthur Tilley

1.ª edición, 1994

ISBN: 84-7509-928-9
Depósito legal: B-3.754/1994

Impreso en Hurope, S.L.
Recaredo, 2 - 08005 Barcelona

Impreso en España - Printed in Spain

Quisiéramos dedicar este libro a todos los padres que, tras su publicación acudieron a nosotras para preguntarnos: "¿Y qué hacemos con nuestros hijos más pequeños?". Este libro es para ustedes.

También quisiéramos hacer llegar nuestro agradecimiento a quienes fueron pioneros en el campo de la educación para padres: Rudolf Dreikurs, Thomas Gordon y Robert y Jean Bayard. Nuestro libro se basa en muchas de sus ideas.

Indice

IV. Fomente al máximo la autoestima

Reconocimientos

En primer y destacado lugar queremos agradecer con todo el corazón a nuestras familias por habernos soportado mientras escribíamos este libro. Todos ellos han contribuido con una aportación singular de paciencia y de apoyo. Además, quisiéramos manifestar nuestro agradecimiento a Bea, por su cálida fidelidad, y a Janet Goldstein, nuestra editora, que tuvo razón más veces de las que quisiéramos admitir. Por último, queremos mostrar nuestro reconocimiento a todos los padres con quienes hemos trabajado a lo largo de los años por su entusiasmo, su voluntad de compartir sus experiencias con nosotras, y por haber sido nuestra fuente de inspiración.

Consejos prácticos al alcance de su mano

I. EMPIECE POR LA ESTRUCTURA

No emplee su boca, sino sus normas

En vez de estar dando órdenes durante todo el día por medio de palabras, establezca de antemano una estructura cotidiana clara. Luego, deje de dar órdenes mientras aprende a elegir sus palabras con sabiduría y a hacerlo en los momentos adecuados.

Si no puede cambiar al niño, cambie el entorno

Realice cambios concretos en la configuración física del hogar, de modo que sea el entorno, y no usted, el que dicte las reglas; así logrará que su hijo disfrute de cierta independencia.

Lleve el control hasta el final

Comience con la rutina normal y con reglas que dependan de *su* control y no del de su hijo. Deje que las consecuencias recuerden a su hijo qué debe hacer y la salven a usted.

Manténgase firme, con reglas firmes

Sus reglas no se negocian. Conserve su credibilidad. Si se mantiene firme, podrá evitar que sus hijos lo venzan por medio del virtuosismo que demuestran en el empleo de la lógica y de la razón.

Busque la negociación

Estipule reglas *junto con* sus hijos, no simplemente *para* ellos. Se mostrarán más propensos a cooperar y las reglas constituirán un instrumento positivo para generar orden, y no un arma para vencerlos a ellos.

II. GENERE RESPONSABILIDADES EN SUS HIJOS

Convierta las tareas domésticas en hábitos agradables

Logre el éxito dividiendo las tareas independientes en porciones pequeñas, fáciles de realizar. Puede comenzar con los niños pequeños, con las responsabilidades de menor importancia. En vez de centrar su atención en temas importantes y abrumadores, hágalo en las actividades insignificantes que forman parte de los hábitos cotidianos de todo niño.

Mantenga a su hijo en la silla del director

Trate de no tomar a su cargo las responsabilidades que competen a sus hijos, por mucho empeño que éstos pongan en inmiscuirle a usted. Deje la responsabilidad en manos de quien corresponda. Equilibre su decisión con una actitud de apoyo y afecto.

Trátelos como si formaran un equipo

Las relaciones entre hermanos son de gran ayuda para enseñar a sus hijos a formar un equipo y cooperar entre sí. Por tanto, en las peleas entre hermanos, en vez de separar a sus hijos o de demostrar algún tipo de favoritismo, reúnalos y aliéntelos para que sean ellos quienes resuelvan sus problemas y para que aprendan técnicas importantes de relación con los demás.

III. NEUTRALICE LAS LUCHAS POR EL PODER

Mejore el conflicto; no lo empeore

Manténgase alejado de las peleas innecesarias, mediante el sistema de permanecer en silencio o de dar respuestas breves o humorísticas. Si prescinde de sus maniobras defensivas, sus hijos no tendrán necesidad de emplear las suyas.

Utilice el movimiento; no la emoción

Cuando su enfado llegue a límites intolerables, en vez de expresar sus sentimientos con palabras, actúe. Puede caminar, señalar con el dedo o incluso utilizar la mímica, mientras se aleja del campo de batalla.

Corrija por medio de una conexión

Establezca una conexión entre el error cometido por el niño y la disciplina correspondiente. Siempre que sea posible, deje que él experimente las consecuencias de su comportamiento.

Manténgase firme ante las consecuencias

Sea coherente y enseñe por medio de las consecuencias, aunque le resulte más sencillo y rápido no hacerlo.

IV. FOMENTE LA AUTOESTIMA

Saque el mayor provecho de los momentos intrascendentes

La clave para alentar a sus hijos, incluso en el peor de los momentos, consiste en darse cuenta de la importancia de los hechos simples y cotidianos que se ignoran con demasiada frecuencia.

Escuche y comprenda a sus hijos, para que ellos no se alejen de usted

En vez de empeñarse tanto en que sus hijos comprendan qué es lo que usted les está diciendo, esfuércese por comprender y reconocer qué le dicen ellos a usted.

Ponga en evidencia lo que es evidente

En vez de centrarse en el potencial de su hijo, hágalo en sus logros actuales e irrefutables; describa lo que usted opina de ellos y recuerde sus logros del pasado, que ya forman parte de su joven acervo.

Tenga en cuenta los pequeños éxitos que va
logrando su hijo a lo largo del camino

Es correcto alabar los buenos resultados; de cualquier forma, multiplique usted las tareas encomendadas a su hijo para fomentar su autoestima, y destaque la gran cantidad de pequeños logros que él consigue al realizar una tarea.

Por dónde comenzar

¿No sería hermoso abrir este libro y encontrar finalmente una fórmula mágica que es a toda prueba y que, en caso de no tener efecto, se le devuelve a usted su dinero, para educar a ese niño perfectamente adaptado, dentro de ese hogar perfectamente armonioso? Si bien nosotras no podemos asegurar que hayamos descubierto dicho secreto tan bien guardado, quisiéramos ofrecerles algún tipo de esperanza y de ayuda por medio de este libro para padres. Aquí se refleja la culminación de nuestro trabajo con pacientes, de nuestras experiencias con grupos de padres y, por supuesto, de nuestra propia aventura como madres.

Este libro comienza con los problemas más característicos y de menor importancia. A medida que avanza, los problemas se van tornando más difíciles, mientras ustedes van aprendiendo técnicas paternas más complejas. Aquellos que quieran perfeccionar sus actitudes como padres pueden comenzar por el principio y avanzar a un ritmo lento, a la vez que van adaptando algunas técnicas nuevas a sus propios métodos. Si están desesperados y quieren ocuparse de inmediato de un problema en particular, son muy libres de elegir el capítulo correspondiente y comenzar por él. Siempre podrán leer en otro momento los capítulos anteriores. Lo importante es que utilicen este libro como herramienta para satisfacer sus propias necesidades. Si comienzan poco a poco y mantienen los cambios que se van produciendo en su caso particular, advertirán rápidamente las diferencias que se suceden en su hogar.

Hemos dividido el libro en cuatro secciones que representan

las áreas que, creemos, son básicas en cualquier enfoque paterno eficaz y efectivo:

- Empiece por la estructura — Reemplace el caos por reglas y la rutina cotidiana.

- Genere responsabilidades en sus hijos — Fomente la autoconfianza y la independencia.

- Neutralice las luchas por el poder — Cambie de posición: del conflicto a la cooperación.

- Fomente la autoestima — Aliente a sus hijos a que sean felices y a que confíen en los demás.

Cada una de estas secciones está, a su vez, dividida en sugerencias fáciles de recordar que incluyen maneras de menguar el conflicto y de generar autoestima sin dejar de respetar el estilo natural y las capacidades del niño.

Cuando comience a leer nuestros ejemplos, advertirá que no mencionamos la edad de los niños. Casi todas las conductas y todas las habilidades que aquí se tratan pueden observarse en todos los niños en edad escolar. Por tanto, si está leyendo una sección y piensa que el niño mencionado en el ejemplo podría ser la copia exacta de su hijo de seis años, no se sorprenda si otro padre insiste en que el ejemplo se aplica a la perfección a su hija de once, ya que esto es exactamente lo que nos ocurrió a nosotras. Cada una creía fervientemente que uno de los ejemplos había surgido de una experiencia con su propio hijo. Resulta que la diferencia de edad entre nuestros hijos Seth y Eddie es de ocho años. Así, tras discutir a qué niño se refería el ejemplo, decidimos capitalizar este hecho y compartir con ustedes la experiencia de identificar a su propio hijo en los muchos ejemplos que figuran en el libro. De hecho, el lector puede incluso llegar a encontrar a un padre representado aquí que se parezca muchísimo a él. Por tanto, disfrute de lo familiar que pueda resultarle el libro, siéntese a leerlo y dispóngase a dejar de pelear con su hijo.

I

EMPIECE POR LA ESTRUCTURA

Es increíble cuánto creemos saber sobre educación antes de tener hijos, y cuán poco una vez que nos convertimos en padres. Antes de tener hijos sabemos cómo evitar los errores que cometieron nuestros padres; sabemos cómo enseñar a nuestros hijos los valores importantes, y cómo resolver esos berrinches que observamos en otros niños, cuyos padres no saben cortar a medida que avanzan por el supermercado y las criaturas gritan a pleno pulmón.

Bien, ahora tenemos nuestros propios niños. ¿Qué ocurrió con toda aquella confianza y sabiduría? Si somos afortunados, podemos conservarlas durante un breve tiempo, mientras nos maravillamos observando a ese bebé adorable que no puede hacer nada malo. Pero, repentinamente, ese recién nacido que nos derretía sólo con su sonrisa desdentada y a quien aplaudíamos por eructar inmediatamente después de alimentarse, nos desafía de manera que nunca imaginamos y conmociona nuestras vidas, en otro tiempo ordenadas.

Esto es especialmente cierto cuando los padres se sienten abrumados mientras las crisis se suceden una tras otra. Sienten que en su vida reinan el caos y la conmoción, y no saben por dónde comenzar para lograr algo de cooperación y de paz. Quisiéramos sugerirles que un buen punto de partida para realizar cambios lo constituyen las reglas y hábitos sencillos y fáciles que conforman la estructura del hogar.

La estructura es importante por dos motivos: proporciona una atmósfera segura y predecible para cualquier niño, y es la forma más sencilla de reducir una cantidad enorme de frustra-

23

ciones innecesarias que pueden acumularse durante el día, y que terminan con malas caras, lágrimas y peleas.

Hasta los padres más flexibles comprenderán rápidamente que, cuando comiencen a realizar cambios pequeños y sencillos en las reglas y hábitos de sus hogares, observarán resultados inmediatos a medida que el caos disminuye. Si bien muchos padres realizan esfuerzos heroicos para instituir reglas y hábitos, quisiéramos enfatizar el siguiente punto: no sólo es importante que los padres establezcan cierta estructura, sino cómo lo hacen. Con demasiada frecuencia, y sin quererlo, lo hacen de manera que producen más roces que paz, más dependencia que independencia. Sus intentos por generar reglas fáciles de predecir conducen a conflictos.

En las siguientes páginas descubrirán cómo evitar ese tipo de roces mediante el empleo de cinco métodos sencillos que les permitirán establecer con facilidad reglas y hábitos en su vida familiar:

- No emplee su boca, sino sus normas.
- Si no puede cambiar al niño, cambie el entorno.
- Lleve el control hasta el final.
- Manténgase firme, con reglas firmes.
- Busque la negociación.

Aunque usted no lo crea, su hogar puede funcionar con un ritmo más armonioso y ordenado.

No emplee su boca, sino sus normas

En vez de estar dando órdenes durante todo el día por medio de palabras, establezca de antemano una estructura cotidiana clara. Luego deje de dar órdenes mientras aprende a elegir sus palabras con sabiduría y a hacerlo en los momentos adecuados.

El primer error, y el más común, que muchos padres cometen cuando intentan generar una estructura consiste en valerse demasiado de las órdenes y recomendaciones. A causa de su frustración, los padres dicen cosas como:

"Sabes muy bien que no puedes comer golosinas antes de la cena".
"¿Todavía no te has puesto tu pijama?".
"Date prisa. ¡Volverás a perder el autobús escolar!".
"¡Más te vale que hayas terminado con tus deberes antes de encender la televisión!"

Si bien estas manifestaciones son esfuerzos bien intencionados dirigidos a reforzar reglas y hábitos terminan creando una tensión innecesaria entre padres e hijos. Si se los repite con cierta frecuencia, estos mensajes verbales hacen que los niños se sientan culpables o criticados. Los padres deben dejar de depender de un conglomerado de reconvenciones para poder crear hábitos. En vez de intentar poner orden durante todo el día mediante palabras, pueden establecer de antemano una estructura y después dejar de dar órdenes y elegir cuidadosamente cuáles son las palabras que utilizarán con sabiduría y en los momentos adecuados. El simple cambio que significa reducir la cantidad de órdenes puede marcar una gran diferencia.

Para darles una idea de lo que queremos decir con esto,

observemos la historia de la Sra. L., una madre frustrada que llegó al límite de su cordura hasta que descubrió una nueva manera de hablarle a su hijo.

La Sra. L. es la madre de un niño a quien, cariñosamente, llamaremos Johnny, "el que siempre llega tarde", un nombre que se ganó no sin esfuerzo.

Al igual que muchos padres, la Sra. L. estableció unas normas matutinas razonables y naturales para su hijo: levantarse, vestirse, tomar el desayuno y marchar a la escuela con una sonrisa y un cálido abrazo. A decir verdad, al comienzo todo era perfecto. Ella le explicó claramente esas normas a Johnny. En realidad, se las explicó más veces de las que ni ella misma podía recordar. De alguna manera, esas normas no funcionaron igual que en los programas televisivos de la década de los 50, cuando toda la familia comenzaba el día sentada alrededor de la mesa de la cocina tomando su desayuno y manteniendo una conversación cordial. Por el contrario, sus mañanas transcurrían entre indicaciones constantes, creyendo que éstas servirían para que su hijo cumpliera con las normas matutinas agradables y normales.

Cuando sepan en qué consistía una de sus muchas mañanas terribles con Johnny, seguro que comprenderán por qué la Sra. L. iba camino a perder su juicio. Tal como ella lo expresó, de manera ilustrativa, había pasado de ser una madre solícita y dulce a ser un ogro. A continuación describiremos una de esas mañanas características.

La Sra. L. despertaba cariñosamente a Johnny con su habitual abrazo matinal, mientras le decía que ya era hora de levantarse. Pero los minutos transcurrían y Johnny seguía durmiendo imperturbablemente.

"Johnny, es hora de levantarse. Llegarás tarde", decía la Sra. L.

Como de costumbre, la Sra. L. debía realizar varios viajes hasta la habitación de Johnny y poco a poco su tono dulce y suave se convertía en un mero recuerdo. "¡Vamos, levántate ya! Debes llegar a la escuela con el tiempo suficiente, o no encontrarás ese libro en la biblioteca", decía. Cuando habían transcurrido veinte minutos y su hijo seguía en la cama, con pocos signos vitales a la vista, la Sra. L. sentía que estaba a punto de estallar. O bien el niño se levantaba o...

"Johnny, te he dicho por lo menos diez veces que te levantaras. ¿Cuántas veces tendré que repetirte lo mismo?"

Johnny se arrastraba lentamente fuera de la cama y se dirigía al cuarto de baño.

"No olvides lavarte los dientes y peinarte. Tendrás que correr si quieres tomar el desayuno."

El tiempo seguía avanzando; Johnny no. El autobús escolar estaba a punto de llegar y Johnny aún no había desayunado ni se había terminado de vestir. La Sra. L. estaba al borde de la locura, tratando de dar con cualquier sistema para que su hijo estuviera preparado para marchar. Recurría a amenazas vacías, que repetía mientras le servía el desayuno a Johnny, quien aún estaba a medio vestir. "Si no estás listo en cinco minutos, no verás la televisión después de clase durante tres días." Luego repetía la promesa habitual que nunca cumplía: "A partir de mañana te irás a dormir más temprano y así te levantarás antes al día siguiente".

Aunque la Sra. L. estaba intentando establecer unos hábitos que funcionaran, ella y Johnny se veían inmersos en un auténtico caos, una rutina doméstica que motivaba que la madre diera órdenes constantemente y que Johnny, también constantemente, dependiera de ellas.

La Sra. L. sabía que debía intentar algo diferente, pero no encontraba solución a su problema. Cuando nos relató su historia, nos pareció claro que debía comenzar por cambiar su propio comportamiento, en vez de esperar a que Johnny cambiara el suyo. Debía encontrar un modo de reemplazar con algo la expresión oral y huir de su papel de comandante en jefe. En vez de recurrir a órdenes y a amenazas para modificar la conducta de Johnny, tenía que hablar menos y, al mismo tiempo, decir más. Debía comenzar con este consejo práctico: No emplee su boca, sino sus normas.

El primer paso, y el más evidente, que la Sra. L. debía emprender para reducir la cantidad de órdenes que daba era comprar un reloj despertador para Johnny, que tuviera una alarma potente. Al comienzo, a la Sra. L. no le pareció que ésta fuera la respuesta, pero nosotras le aseguramos que sólo se trataba del primer paso.

Su siguiente tarea consistiría en ser más desafiante. Debería cambiar qué y cuánto le diría a Johnny y, si bien ella decía —y estaba muy segura de ello— que Johnny no mejoraría sin sus indicaciones crónicas, estaba lo suficientemente desesperada como para probar nuestras sugerencias. Tras haber ensayado bien su papel, la Sra. L. entró en el cuarto de Johnny a la hora en que éste debía despertarse y le mostró el reloj despertador. Obviamente, lo encontró completamente dormido y tuvo que luchar consigo misma para no empezar a sermonearlo. En su lugar, dijo simplemente lo siguiente:

"Te he comprado un nuevo reloj despertador que sonará dentro de cinco minutos. Te será de gran ayuda para que puedas levantarte. Además, así no tendrás que oírme gritar como hasta ahora".

Luego se mordió los labios y fue a su habitación. La Sra. L. era realista. Aunque deseara secretamente que el reloj despertador fuese suficiente para que Johnny se despertara, en el fondo confiaba más en que Johnny no saltara de la cama, para así dar comienzo a su jornada "habitual". Tenía preparado un conjunto de represiones para Johnny, mientras éste volvía a los brazos de Morfeo.

El tiempo transcurría y su estómago comenzaba a dar signos de ansiedad; por fin llamó a la puerta y dijo:

"Son las 7:45. El autobús escolar llegará dentro de treinta minutos".
"Estoy terminando de vestirme. Nos veremos en la cocina, para desayunar".

Luego, ella se obligó a ir a la cocina y se ocupó en preparar el desayuno y en colocarlo sobre la mesa. Ocupar el tiempo haciendo algo es una buena forma de evitar volver a recurrir a la locura habitual e ineficaz de todas las mañanas.

Antes de seguir adelante, estudiemos con mayor atención las nuevas técnicas de comunicación que utilizó la Sra. L.:

Destaque su propia acción

"Te he comprado un nuevo reloj despertador, que sonará dentro de cinco minutos."

Esta técnica logra precisamente lo que indica: destacar la acción de los padres, no la del niño. Le comunica al niño que su madre actuará de forma diferente: "Yo" es el sujeto de la oración, no "tú". Este es el tipo de enunciado que puede utilizarse para reemplazar a "Más te vale...", o "Deberías...", o "¿No has hecho...", y a todas las demás formas con las que los padres señalan con el dedo a sus hijos.

Señale los beneficios de la misma

"Esta será una gran ayuda para que puedas levantarte. Además, así no tendrás que oírme gritar como hasta ahora."

La diferencia existente entre esta oración y "Estoy cansada

de entrar en tu habitación diez veces cada mañana; tendrás que usar un despertador", es bastante evidente. En vez de emplear una norma como amenaza, demuéstrele a su hijo que el cambio le facilitará la vida. Es muy importante que su hijo advierta que los nuevos hábitos no significan un castigo, sino una manera mejor de considerar un antiguo problema.

Exponga los hechos, sin culpar a nadie

"Son las 7.45. El autobús escolar llegará dentro de treinta minutos."

Esta técnica tiene que ver con los hechos y nada más que con los hechos. Al expresar una única advertencia, puede evitar comentarios culpabilizantes y críticos del tipo de "¿Todavía estás haraganeando? Llegarás tarde, como de costumbre". Podrá lograr su cometido sin necesidad de apelar a comentarios críticos que crean resentimiento y fomentan la rebelión. Sabrá que ha adquirido el dominio de esta técnica cuando el hecho, y no su hijo, sea el sujeto de la oración.

Establezca normas para el hogar

"Estoy terminando de vestirme. Nos veremos en la cocina, para desayunar."

No hace falta decir que los niños aprenden más por lo que hacemos que por lo que decimos. Por ende, siempre que podamos, es preferible establecer una norma como algo que se aplica a todos los miembros de la casa. En este caso, vestirse antes de desayunar es una norma que todos pueden cumplir. Creando una rutina cotidiana evitamos señalar con el dedo a un culpable y, además, demostramos que esa rutina es lo suficientemente importante como para que todos la cumplan.

Como antes dijimos, la Sra. L. ensayó su papel antes de ponerlo en práctica. Al comenzar a emplear estas técnicas, por lo general resulta útil tener pensado qué se va a decir antes de hacerlo. Esto nos evitará tener que recurrir a la tendencia, demasiado habitual, de retar o de sermonear. Al igual que la Sra. L., todo padre tiene un punto límite, un punto en que deja de hablar para comenzar a gritar y a sermonear. Para evitar llegar a ese punto, hay que limitarse a tres o cuatro frases. Si bien esto puede parecer poco espontáneo o preparado en exceso, les ayudará a no salirse de las casillas. La Sra. L. lo hizo. Se atuvo a las cuatro técnicas que establecen una estructura sin retos. Y lo hizo a pesar de su deseo de aplicar algún tipo de presión verbal para dar prisa a Johnny.

La Sra. L. nos contó que, a medida que transcurrían los días, Johnny comenzó a darse cuenta de que ella no estaba dispuesta a entrar en su cuarto para iniciar la rutina habitual de dar órdenes. Y la Sra. L. comenzó a darse cuenta de que Johnny era completamente capaz de cumplir con unas normas matinales naturales, sin su guía constante. Por supuesto, las cosas no fueron en seguida de maravilla en el hogar de los L. Durante las primeras semanas, parecía que Johnny no podría lograrlo nunca. Una mañana salía despeinado, su chaqueta y su bolsa con el almuerzo debajo de un brazo, mientras hacía equilibrios con el calcetín y el zapato que aún no había logrado ponerse, en la otra mano. Para sorpresa de Johnny, su madre lo "acompañó" gentilmente hasta la puerta, aunque aún no hubiera terminado de vestirse.

Pero en general la vida había cambiado en el hogar de los L. La Sra. L. había establecido normas que no dependían de situaciones extremas. Ella sabía cuál era su papel y conocía sus movimientos —y lo que es más destacable de todo, lo ejercía con coherencia—. Cuando la rutina cotidiana no funcionaba exactamente como había sido planificado, la madre no perdía los estribos (aunque Johnny sí lo hiciera); ése fue un cambio muy importante.

Tanto para Johnny como para la Sra. L., el fin del caos y la reducción de peleas fueron bienvenidos. Y ello condujo a otro resultado, igualmente importante, si bien no tan evidente. El cambio en el hogar generó cambios en otras áreas de la vida de Johnny. No nos debería sorprender constatar que la dependencia de Johnny de las directrices crónicas de los adultos también se producía en otros ámbitos. Se había habituado a esperar que su madre u otros adultos, como por ejemplo los maestros, lo llevaran de la mano, aun cuando él fuera capaz de recorrer solo su propio camino. El cambio en la rutina cotidiana matutina fue un paso excelente para enseñar a Johnny la importancia de salir adelante solo, no únicamente en el hogar, sino en todas sus demás áreas vitales. Si bien el objetivo a corto plazo de la Sra. L. al cambiar su lenguaje consistía en disminuir la tensión y los forcejeos de la rutina de cada mañana, también logró el objetivo a largo plazo, obviamente más importante, de que Johnny se las arreglara solo, y ésa fue una lección que luego aplicaría a todas las áreas de su vida.

A medida que comience a utilizar sus palabras con inteligencia y adecuadamente en su propio hogar, es probable que desee seguir el ejemplo de la Sra. L. y establecer sus propias normas matinales. Las mañanas, por lo general, constituyen un buen momento para crear reglas por dos motivos. En primer lugar, la mañana determina cómo será el resto del día. Si bien una buena mañana no puede asegurar que también el día lo será, una mala mañana puede dar como resultado un mal día. En segundo lugar, la mañana no es sólo una franja horaria hogareña, sino una parte natural del día. Comenzar a regirse por hábitos y normas naturales que definen a la mañana, a la hora de irse a dormir, o a la merienda, le proporciona algún tipo de ayuda adicional mientras usted trata de disminuir la cantidad de cosas que dice, una ayuda que procede del ritmo regular cotidiano. De modo que aproveche el orden natural de cada día

mientras utiliza cada vez menos su boca, y cada vez más sus normas domésticas.

Cuando empiece a limitar sus palabras, advertirá que todos se benefician con ello:

- Su hijo le prestará atención cuando usted hable, porque no habrá un exceso de retos.
- Su hijo no se sentirá castigado, acosado ni victimizado.
- Su hijo se sentirá más independiente.
- Usted se sentirá menos agotada y proclive al enfado.

No olvide lo siguiente

1. Recuerde que la estructura le proporciona a su familia la seguridad y predictibilidad que disminuye la posibilidad de caos.

2. Elija sus palabras juiciosamente y utilícelas en los momentos adecuados. Deje que los hábitos diarios conduzcan a su hijo. Al contrario, adóptelos como estrategias útiles para solucionar problemas.

3. No atosigue a su hijo con reglas y hábitos.

4. Siempre que pueda, sea un ejemplo viviente de las normas establecidas.

5. Establezca reglas naturales cotidianas que faciliten el establecimiento de hábitos hogareños.

6. Recuerde que los cambios pequeños en las normas cotidianas pueden aportar beneficios a largo plazo en todas las áreas de la vida de su hijo.

7. Utilice las siguientes técnicas de comunicación para disminuir al mínimo el empleo de reconvenciones:

- *Destaque su propia acción.*

- *Señale los beneficios de la misma.*

- *Exponga los hechos, sin culpar a nadie.*

- *Establezca normas para su hogar.*

Consejo práctico

Si no puede cambiar al niño, cambie el entorno

Realice cambios concretos en la configuración física de su hogar para que sea el entorno, y no usted, el que dicte las reglas; así logrará que su hijo disfrute de cierta independencia.

Es posible que muchos de ustedes sientan deseos de estrangularnos cuando les sugerimos tranquilamente que si eligen sus palabras con sabiduría y las utilizan en el momento adecuado de forma coherente, su hijo estará más dispuesto a cumplir con las reglas y hábitos de la casa. Puede que estén pensando: "Tal vez eso sirva para algunos niños, pero no para los míos".

Creemos firmemente que los cambios pueden lograrse modificando la forma en que usted le habla a su hijo cuando pone en práctica las normas. Pero también sabemos que habrá algunas circunstancias en las que los cambios de hábitos y de lenguaje deberán estar acompañados por cambios en el entorno. Eso es justo lo que una madre, la Sra. H., tuvo que asimilar mientras luchaba internamente con el dilema de cómo lograr que sus hijos se mantuvieran alejados de las golosinas, sin prohibir del todo, por esa razón, su consumo en el hogar.

Una tarde, mientras sostenía una cacerola con una mano y recogía las migajas de pastel que habían dejado sus hijos, Lauren y Mike, con la otra, la Sra. H. se dio cuenta de que de una vez por todas tenía que interrumpir la invasión que sus hijos hacían durante la tarde a la alacena de los dulces. Había intentado ya el enfoque del razonamiento, explicándoles las desventajas de comer demasiados dulces. Y también había intentado el método de establecer una regla, la de no ingerir dulces después de las cuatro y media. Pero a los niños sus palabras les entraban por un oído y les salían por el otro,

35

mientras buscaban entre los restos de un paquete de patatas fritas. La respuesta que la Sra. H. obtenía a dicha regla era que sus hijos la ponían a prueba y se la saltaban a la torera mientras la mantenían ocupada con sus intentos por persuadirla:

"¿No puedo comer otra galleta, sólo por esta vez?".
"¡No es justo! ¡Lauren se ha comido un chicle y yo no!".

La Sra. H. apenas tenía tiempo para recuperar el aliento mientras trataba de responder a estos interminables ruegos.

A punto de perder la paciencia por completo con sus hijos, la Sra. H. necesitaba ayuda adicional que la librara de su papel de "policía alimentaria". Cuando llegó a nuestro grupo para padres en busca de consejos, ya tenía claro que no podría cambiar a sus hijos. De modo que le sugerimos que intentara buscar un modo sencillo de cambiar el entorno. Una vez que comprendió la idea, puso a trabajar su creatividad. Y así fue como la Sra. H. resolvió su dilema. En primer lugar, puso las golosinas fuera del alcance de sus niños. Luego, vació dos pequeños cajones de la cocina y le colocó a cada uno de ellos el nombre de Lauren y el de Mike. Por último, utilizó algunas técnicas de estructuración para poner en marcha sus normas.

Cuando los niños llegaron de la escuela, les explicó:

"He dispuesto para cada uno de vosotros un cajón para las golosinas; yo los llenaré con fruta, verduras, pasas y otros alimentos nutritivos". (Destaque su propia acción.)
"Si tenéis hambre antes de la hora de la cena, podréis coger lo que os apetezca sin pedir permiso". (Señale los beneficios de la misma.)

¿Los hijos de la Sra. H. dejaron en seguida de rogar que les diera dulces? Por supuesto que no, al menos no inmediatamente. Siguieron desafiando a la Sra. H. para ver si el cajón de alimentos era una moda pasajera o un cambio permanente. Pero con el beneficio de las técnicas de comunicación y de los cambios que introdujo en el entorno, la Sra. H. pudo mantenerse en su posición. Con el tiempo, el proceso fue menguando ya que permitió que sus hijos participaran de la elección de algunos de los alimentos de los cajones.

La Sra. H. logró cambiar el entorno de un modo alentador y natural. Inició el cambio, proporcionó la estructura y fue concreta y específica. Sus hijos comprendieron cuáles eran exactamente los límites y pudieron responsabilizarse para obtener sus propios alimentos. Por último, ello les otorgó cierta independencia y la Sra. H. se sintió más tranquila, al saber que sus hijos no comerían golosinas durante toda la tarde.

Del mismo modo como la Sra. H. cambió el entorno y terminó con las peleas por las golosinas, la Sra. E. dejó de luchar con su hija, Alyson, a causa de la ropa. Al igual que la madre de Johnny, "el que siempre llega tarde", la Sra. E. se quejaba de sus hábitos matinales. No tenía problemas en despertar a su hija, pero sí los tenía para evitar batallas interminables acerca de qué prendas debía vestir ella. La madre quiso usar su ropa habitual y Alyson, repentinamente, también quiso usarla. De algún modo, Alyson comenzó a interesarse en los jerseis, faldas, medias y demás prendas de su madre. Con reiterada frecuencia, comenzaba la mañana revolviendo el vestidor de su madre buscando esa camisa o esa otra. La Sra. E. no se oponía a compartir algunas prendas, pero los conflictos empezaron cuando se descubrió a sí misma controlando constantemente el cada vez mayor interés de Alyson por su vestimenta.

Las cosas discurrían así:

ALYSON: ¿Hoy puedo ponerme tu camisa azul para ir a la escuela?

SRA. E.: Mira, Alyson, no tengo la intención de "compartir" mi camisa contigo. Aún no la he estrenado.

ALYSON: Pero hoy no tenías pensado usarla, así que me la pondré.

SRA. E.: No, no lo harás. No me importa que uses parte de mi ropa, pero no puedes coger lo que te venga en gana.

ALYSON: Te prometo que no la ensuciaré. Me gusta como me sienta ese color.

SRA. E.: No, hoy no.

Hay un par de formas como la Sra. E. podría haber conducido la situación. Podría haber sermoneado a su hija, pero, como ya hemos visto, eso no da demasiados resultados. Se podría haber dado cuenta de que su hija atravesaba una fase de desarrollo característica de su edad y esperar a que se le pasara. Sin embargo, este enfoque filosófico sólo funciona con aquellos que pueden resolver con facilidad los problemas que se presentan por la mañana, o a los que no les importa comenzar el día con un buen dolor de cabeza. O bien podría haber iniciado su particular batalla matinal al decidir cambiar el entorno. En este caso, la Sra. E. optó por esa última alternativa: remodeló un armario del pasillo y habilitó un cajón en especial. Retiró todas las prendas de su vestuario que estaba dispuesta a "compartir" y las puso en ese cajón. Luego situó letreros en el ropero de su dormitorio y en su vestidor.

Esto fue lo que la Sra. E. le dijo a Alyson:

"He dejado las prendas que quiero compartir contigo en el cajón del pasillo". (Destaque su propia acción.)
"Si quieres usar algo mío, ya sabes dónde encontrarlo y no es necesario que pidas permiso". (Señale los beneficios de la misma.)

Gracias a ello, en vez de pelear respecto a qué ponerse, la madre de Alyson tiene la oportunidad de halagar a su hija diciéndole lo bien que le sienta tal o cual ropa. También revirtió una situación conflictiva en otra pacífica, a pesar de tener que compartir parte de su ropa.

Finalmente, viendo cómo estaban las cosas y cooperando con el cambio surgido en su entorno, Alyson conservó cierto acceso al guardarropa de su madre. En nuestro siguiente ejemplo, Chrissy no tenía nada que ganar; nada, salvo la oportunidad de hacerse la cama. ¿Y qué niño no se sentiría motivado por ello?

Chrissy probó todas las formas posibles para escapar de la rutina diaria de hacerse la cama. Pero su madre, la Sra. M. quería que la cama estuviera hecha. Probó con varios métodos, incluyendo la cooperación, como por ejemplo "Te ayudaré a hacer tu cama", ultimátum inútiles —tales como "Más te vale que esa cama esté hecha antes de que te vayas al colegio"— y regateos: "Te pagaré 25 centavos cada mañana si haces la cama".

Ninguno funcionó. No había manera de que Chrissy consiguiera el tiempo adicional para hacerse la cama.

Al aplicar la sugerencia "Si no puede cambiar a su hijo, cambie el entorno", a la Sra. M. se le ocurrió la siguiente idea:

"Te coseré dos sábanas juntas y pondré la manta entre ellas."
(Destaque su propia acción.)
"De este modo, podrás echar la colcha sobre la cama y... ¡listo!, la cama ya estará hecha". (Señale los beneficios de la misma.)

Se crea o no, a Chrissy le gustó la solución y estuvo dispuesta a llevarla a cabo, al menos la mayor parte de los días. Por el simple hecho de cambiar el entorno, la Sra. M. creó una situación sin posibilidad de fracaso. La cama estaba hecha, como ella quería, y Chrissy evitaba su pelea convencional con las sábanas. Lo más importante de todo ello fue que Chrissy aprendió que las ideas creativas pueden generar soluciones ante situaciones aparentemente irresolubles.

El principio empleado en estos tres ejemplos es sencillo: hablando menos y estructurando más el entorno, estos padres alcanzaron su meta. La Sra. M. logró que la cama estuviera hecha con una idea ingeniosa, la Sra. E. con su manera de disponer su ropa, y la Sra. H. con los cajones para alimentos.

En vez de tratar de cambiar el comportamiento de su hijo con indicaciones y consejos constantes, pruebe usted a realizar cambios concretos en la disposición física de su hogar. Luego, el entorno dictará los límites necesarios y establecerá las normas, no usted. No cabe duda de que el resultado se traduce en una menor cantidad de peleas y en una mayor cooperación, a la vez que su hijo aprende a partir de *hacer* y no a partir de que le digan *qué hacer*.

No olvide lo siguiente

1. Si el cambio en su lenguaje no es suficiente, pruebe con un cambio en el entorno y proporciónele a su hijo pistas visibles y concretas para ayudarlo a fijar límites y establecer normas.

2. Establezca sus cambios en el entorno como una forma útil para que sus hijos confíen más en sí mismos y menos en sus reconvenciones. Los cambios que surgen en forma de amenazas y castigos no son nada efectivos.

3. Tan pronto haya introducido un cambio en el entorno, deje que su hijo tome el timón. Si se descubre a usted mismo aún señalando lo que hay que hacer, es que probablemente necesita establecer un cambio ambiental diferente y más eficaz.

4. Cuando introduzca un cambio en el entorno, utilice las siguientes técnicas de comunicación:

   • *Destaque su propia acción.*

   • *Señale los beneficios de la misma.*

Consejo práctico

Lleve el control hasta el final

Comience con la rutina normal y con reglas que dependan de su control y no del de su hijo. Deje que las consecuencias recuerden a su hijo qué debe hacer y la salven a usted.

Hasta ahora nos hemos ocupado de qué deben hacer los padres para reemplazar el caos mediante estructuras, poniendo en práctica las siguientes sugerencias:

1. No emplee su boca, sino sus normas.
2. Si no puede cambiar al niño, cambie el entorno.

Como hemos visto, tan pronto estos principios comienzan a funcionar, el caos disminuye y el sentido de la estructura aumenta. Cuando los padres añaden al cambio en el lenguaje un cambio en el entorno, prácticamente pueden garantizar un resultado más eficaz.

Aun así, hay muchas ocasiones en que los padres desean establecer reglas o hábitos que no pueden ponerse en práctica con un simple cambio en el entorno. Por ejemplo:

- Quieren que su hijo ya esté en la cama a las ocho y media.
- Quieren que todos los libros estén fuera de la mesa antes de la cena.
- Quieren que los dulces que le compran a su hijo le duren todo el fin de semana.
- Quieren que sus niños se abrochen los cinturones de seguridad en cuanto suben al automóvil.

¿Cómo poner en práctica estas reglas y hábitos sin volver al antiguo modelo del sermoneo? Puede usted comenzar por des-

43

tacar su propia acción, reforzando el mensaje con un elemento extra: una consecuencia que dependa de su propio control. Nos referimos a esto: en vez de decir

"Tienes que estar en la cama a las ocho y media".
"Quita esos libros de la mesa ahora mismo. ¿Cómo piensas que podré servir la cena con este lío?".
"No te comas todas las galletas de una vez".
"Más te vale que te abroches el cinturón de seguridad."

Puede decir lo siguiente:

Destaque su propia acción mencionando una consecuencia

"Te leeré un cuento después de que te limpies los dientes, te pongas el pijama y si te vas a la cama a las ocho y media."
"Serviré la cena tan pronto la mesa esté limpia de libros."
"Compraré galletas una vez a la semana y no compraré más hasta la semana que viene, cuando vaya a la tienda."
"Pondré el automóvil en marcha cuando todos se hayan abrochado los cinturones de seguridad."

Estos enunciados crean una consecuencia que usted llevará a cabo. Por ejemplo:

- La consecuencia de no estar listo a las ocho y media es que no le leerá un cuento.
- La consecuencia de no quitar los libros de la mesa es que la cena se servirá más tarde.
- La consecuencia de devorar todas las golosinas de una vez es que no habrá más hasta que se vuelvan a comprar la semana siguiente.
- La consecuencia de no abrocharse los cinturones de seguridad es que usted no pondrá en marcha el automóvil.

La clave es que en vez de recordarle a su hijo hasta el

agotamiento lo que debe hacer, la consecuencia lo hace por usted.

Habrá ocasiones en que necesitará reunir todas sus fuerzas para lograr resultados en su hijo. Querrá limitar sus palabras, cambiar el entorno y destacar su acción con una consecuencia. La combinación de todas estas estrategias puede mejorar enormemente la capacidad y disposición de un niño para mantener las reglas. Podemos ver cómo funciona todo esto echando un vistazo al que quizá sea el problema más universal de todos: los niños que se niegan a ordenar lo que dejan tirado a su paso. Este problema abrumaba constantemente la Sra. B., que peleaba con su desordenado hijo, a quien llamaremos Terry, el Explorador.

Terry era el sueño de cualquier detective. Mientras corría por toda la casa, dejaba tirados por cualquier sitio sus libros y papeles, seguidos de su chaqueta, la gorra y los guantes. Sus zapatos, por lo general, estaban escondidos debajo de una cama o de un sillón. Ese rasgo distintivo tenía una única ventaja: la Sra. B. siempre sabía dónde encontrarlo; sólo debía seguir su rastro.

A diferencia de Terry, la Sra. B. era ordenada y le daba mucha importancia a tener una casa en orden. Su objetivo era lograr que Terry recogiera sus cosas y las guardara en el lugar correspondiente. Estaba cansada de recordárselo cada día, y siempre debía escuchar palabras como: "En seguida lo hago, mamá". Pero lo peor de todo no era el desorden, sino el hecho de que Terry la culpaba a ella de no poder encontrar sus cosas.

Así estaban las cosas. Una mañana la Sra. B. sintió la necesidad de plantear su problema con Terry en el grupo para padres. Terry estaba furioso porque ella no había podido encontrar sus deberes de matemáticas. La Sra. B. estaba desesperada. Una parte de ella no deseaba ayudar a Terry porque sabía que si faltaban los deberes era culpa de él, no suya. Pero eran sus deberes. Los había realizado y no quería que Terry fuera castigado por no presentar el trabajo que, en realidad, había hecho. En medio de su frustración hizo lo que muchas madres hacen. Le gritó: "¿Por qué no ordenas tus papeles cuando hayas terminado de hacer tu trabajo? ¡Yo no te ayudaré!", a la vez que

45

buscaba dentro de la carpeta de Terry. Como usted podrá suponer, ésta no era la primera vez que tal cosa ocurría.

La Sra. B. estaba harta. En medio de su desesperación, parecía dispuesta a que el grupo la ayudara. Quería:

1. Tener una casa ordenada.
2. Dejar de pelear con Terry acerca de sus cosas.
3. Lograr que Terry asumiera algún tipo de responsabilidad respecto de ellas, en vez de culpar a los demás.

Con estos tres objetivos en mente, pudimos sugerirle una nueva normativa que tuviera en cuenta tanto el cambio del entorno como una consecuencia que dependiera del seguimiento de la Sra. B. Esta dio un primer paso muy importante cuando regresó a su casa y puso en práctica la nueva normativa. Eligió el momento adecuado para explicar cuál sería el nuevo método. No gritó su idea mientras sostenía en la mano el calcetín de cierta persona que nunca había llegado a su lugar de destino. Eligió el momento en el que ella, su marido y los niños estaban sentados alrededor de la mesa, cenando en un clima de relativa felicidad. Hemos resumido el informe de la conversación para ilustrar las técnicas empleadas por la Sra. B.:

SRA. B.: A partir de ahora, si alguien deja algo tirado en el cuarto de estudios lo colocaré en esta "caja grande", que estará siempre en el patio de atrás. (Destaque su propia acción, junto con una consecuencia.)

TERRY: ¡Debes de estar bromeando!

SRA. B.: Además, he colocado bandejas de plástico en la cocina para vuestros deberes. (Destaque su propia acción.) (No se animaba a colocar los trabajos escolares en la caja grande.)

HERMANA DE TERRY: ¿Por qué haces esto?

SRA. B.: A partir de ahora no gritaré más, el cuarto de estudios estará ordenado y no necesitaréis de mi ayuda para encontrar las cosas que no aparezcan. Podréis encontrarlas por vuestros propios medios. (Señale los beneficios de la misma.)

TERRY: De todos modos, ¿qué más da? ¿Cómo se te ocurrió una idea tan tonta?

SRA. B.: Porque generalmente las cosas del colegio, varios pares de zapatos, chaquetas y otras cosas quedan tiradas por toda la casa. (Exprese los hechos sin echar las culpas a nadie.)

TERRY: No es justo que hagas esto con nuestras cosas.

SRA. B.: Vosotros también podéis colocar mis cosas y las de papá en la caja grande si las encontráis tiradas por ahí. (Establezca normas para el hogar.)

Como pueden ver, la Sr. B. evitó dar un sermón y empleó sus palabras con sabiduría. También realizó un cambio concreto en el entorno por medio de la caja grande. Pero lo más destacable del cambio es que estableció una situación que dependía de su control, sin importar qué hicieran los demás.

No presentó la regla de la caja grande como una forma de castigo, señalando a un niño con el dedo, ni como método para darles una lección a sus hijos, sino como un esfuerzo familiar cooperativo que proporcionaría un mayor orden en el hogar y que haría que ella dejara de ser la encargada del departamento de objetos perdidos.

¿Piensan ustedes que esto provocó un cambio inmediato en la familia? ¿El cuarto de estudios estaba ordenado, todos recogían sus cosas y las guardaban en sus lugares correspondientes, nadie acudía a mamá para encontrar algo y mamá pasó los diez años siguientes con mucho más tiempo para dedicarse a descansar, a leer el diario y a tomar tranquilamente su café? No, desde luego. Terry aún seguía pronunciando su famoso "Mamá, ¿dónde está mi zapatilla?". Con frecuencia, la Sra. B. creía que aunque Terry recurriera a la caja grande, tampoco encontraría sus cosas. Si bien tenía la esperanza de que Terry cambiaría en seguida, llegó a darse cuenta de que eso llevaría tiempo y, más importante aún, requeriría coherencia.

Quien sí cambió inmediatamente fue la propia Sra. B. Ahora, en vez de su respuesta habitual a los gritos desesperados de ayuda de Terry, pronunciaba estas tres palabras: "La caja grande". Esto constituyó un paso importante para establecer nuevas normas en el hogar. Si Terry y otros miembros de la familia no eran lo suficientemente organizados como para ordenar y colocar sus cosas en su lugar, al menos comenzaron a asumir la responsabilidad de encontrarlas. Además, cambió el objeto de la ira de Terry. En vez de gritarle a su madre, aprendió a mantenerse ocupado

buscando sus cosas y, finalmente, encontrándolas. Lo más importante de todo es que la Sra. B. ya no dependía de la cooperación inmediata de Terry para sentirse motivada, sino de su propio cambio y del hecho de que creó una regla que mantuvo a pies juntillas y que ella misma puso en práctica.

En un corto período, la Sra. B. cumplió con sus objetivos de tener un hogar ordenado y de dar por terminadas las peleas con Terry acerca de sus cosas. Como meta a largo plazo, obtuvo algo mucho más trascendente. Puesto que se esperaba que Terry encontrara sus cosas en casa, el chico también empezó a comprender el concepto de asumir la responsabilidad de sus pertenencias en otras áreas. Cada vez con mayor frecuencia, dejó de "reclutar" a sus compañeros y a sus maestros en las búsquedas del tesoro destinadas a encontrar libros, lápices o deberes perdidos, que normalmente estaban camuflados bajo un mar de papeles. Utilizando la técnica de hablar menos, de cambiar el entorno y de destacar sus acciones con sus consecuencias correspondientes, la Sra. B. también pudo ayudar a Terry a conseguir algunos cambios en otras áreas más generalizadas. El estaba aprendiendo a ser más responsable de sus cosas y, por último, a confiar más en sí mismo en todos los aspectos de su vida. ¡Una buena lección!

No olvide lo siguiente

1. Comience a poner en práctica normas que dependan de *su* control, en vez de depender del de su hijo.

2. Hágale saber a su hijo con antelación qué se espera de él y qué es lo que hará usted. No acuda directamente a las consecuencias. Usted no está intentando que su hijo experimente las consecuencias, sino que quiere ayudarlo a sentir respeto por las normas y los hábitos.

3. Aplique las consecuencias de una manera positiva.

4. Su control en el hogar le reportará grandes beneficios, que se extenderán en la manera como su hijo se enfrenta a la escuela, en la relación con sus pares y, finalmente, en su futuro.

5. Utilice las siguientes técnicas de comunicación cuando lleve el control hasta el final:

   - *Destaque su acción con una consecuencia.*

   - *Destaque su propia acción.*

   - *Señale los beneficios de la misma.*

   - *Exprese los hechos sin echar culpas.*

   - *Establezca normas para el hogar.*

Consejo práctico

Manténgase firme, con reglas firmes

Sus reglas no se negocian. Conserve su credibilidad. Si se mantiene firme, podrá evitar que sus hijos lo venzan por medio del virtuosismo que demuestran en el empleo de la lógica y de la razón.

Ahora que ya sabe cuáles son los aspectos básicos de la creación de normas, ¿cree que su hijo las aceptará sin chistar? Probablemente no. Su hijo seguirá poniéndolo a prueba a usted y a las normas. Todos los niños ponen a prueba las estructuras. Forma parte de su evolución: evaluar, desafiar y, finalmente, desarrollar sus propias ideas. Aquí es cuando los padres generalmente ceden al encanto, las exigencias, los ruegos y la persistencia de sus hijos. La mayoría de los padres ni siquiera advierten cuán a menudo dan su brazo a torcer, ceden y reducen su credibilidad a cero. ¿Qué puede hacer usted para que esto no le ocurra?

Puede seguir el ejemplo de una madre, la Sra. S., que no podía entender por qué su hija, Zoe, no avanzaba hacia la transición que suponían las reglas y hábitos nuevos que se habían impuesto en la casa. La siguiente es una muestra de cómo Zoe utilizaba el sistema y convertía la estructura en algo moldeable.

Una tarde, a las seis, Zoe y la hija de su vecina, Meredith, estaban tramando un plan. Zoe deseaba quedarse a dormir en casa de Meredith y obtuvo el consentimiento de la madre de su vecina. Naturalmente, Zoe no mencionó que sus padres acababan de establecer una norma por la cual Zoe podía cenar en casa de amigos sólo una vez a la semana y el límite de esa semana ya estaba cubierto. Pero eso no la detuvo. Sabía muy bien cómo proceder. Telefoneó a su casa, y su padre respondió la llamada; Zoe insistió: "Quiero hablar con mamá". Ese tema no lo trataría

51

con su padre, y podemos adivinar muy bien por qué. Cuando su madre cogió el teléfono, Zoe le preguntó si podía quedarse a cenar en casa de Meredith. La madre, obviamente, le contestó que no, así que Zoe esbozó un par de protestas y luego colgó. Enseguida, como si no hubiera existido una llamada previa, volvió a telefonear a su casa. De hecho, Zoe repitió esta acción dos veces más. Cuando la vecina le preguntó a Zoe qué estaba haciendo, ella respondió con soltura: "Cuando pido algo, nunca se lo pido a papá, sino a mamá. Pero tengo que hacerlo tres veces hasta que dice que sí". Zoe conocía bien la verdadera regla, la regla que nunca se había concretado ni admitido: "Nunca esperes un sí la primera vez que pides algo, y nunca, nunca, dejes que eso te detenga".

La Sra. S. necesitaba encontrar la forma de prevenir que su hija la utilizara con sus justificaciones y sus motivos bien planeados. Necesitaba encontrar una manera de evitar dejarse llevar por un camino sin retorno. Necesitaba aprender a mantenerse firme respecto de las reglas y hábitos que había establecido.

Al poco tiempo, Zoe le dio a su madre otra oportunidad de mantenerse firme. Un martes por la noche, Zoe le preguntó si su amiga podía quedarse a dormir. Mamá y papá le contestaron que no, y le recordaron la regla de la casa: nadie podía dormir fuera de casa o quedarse a dormir en ella si al día siguiente había escuela. Obviamente, Zoe continuó sin piedad, desgastando a sus padres en su intento por lograr su objetivo.

Zoe: ¡Va, por favor!

Sra. S.: No, querida, mañana tienes que ir a la escuela. No queremos que nadie se quede a dormir en casa. Queremos que te acuestes temprano.

Zoe: Te lo prometo, te lo prometo. Nos iremos temprano a la cama.

Sra. S.: Tienes que estudiar historia. ¿Mañana no tienes una prueba de historia?

Zoe: Podemos estudiar ayudándonos la una a la otra. Sería más sencillo, podríamos repasar la lección.

Sra. S.: También puedes estudiar sola.

ZOE: No, no puedo. Quiero estudiar historia con Meredith.

SRA. S.: ¿No escuchas lo que te estoy diciendo?

Este tipo de conversación no conduce a ninguna parte. Mientras Zoe prometía, rogaba, discutía y lloriqueaba, también cambiaba de tema. La discusión pasó de invitar a una amiga a dormir en casa a hacer los deberes con una amiga. A esas alturas, la Sra. S. aún no había cedido, pero estaba entrando en una batalla que seguramente hubiera deseado evitar.

La Sra. S. no hubiera tenido que seguir a Zoe mientras ésta cambiaba de tema, ni hubiera tenido necesidad de explicar razones ni defenderse, y se podría haber mantenido centrada en el tema en cuestión y en su regla, si hubiera utilizado la siguiente técnica:

METODO PARA "MANTENERSE FIRME"

Esta maravillosa técnica libera a los padres del hecho de tener que hablar demasiado, de salirse del tema, de pelear o de ceder.

Básicamente, es una simple fórmula verbal a la que se puede recurrir cuando uno se siente arrastrado a tener que discutir, dejarse convencer, o perder su firmeza.

Cuando Zoe hizo su despliegue de motivos pensados con gran creatividad, la conversación podría haber sido algo así como la que transcribimos a continuación:

SRA. S.: Nadie se queda a dormir cuando al día siguiente hay clases.

ZOE: Te lo prometo, te lo prometo, nos iremos temprano a la cama.

SRA. S.: Ya sé que os iríais temprano a la cama, pero nadie se queda a dormir cuando al día siguiente hay clases.

ZOE: Podríamos estudiar ayudándonos la una a la otra. Sería más sencillo, podemos repasar la lección.

SRA. S.: Ya sé que podríais estudiar ayudándoos la una a la otra, pero nadie se queda a dormir cuando al día siguiente hay clases.

ZOE: Quiero estudiar historia con Meredith.

Sra. S.: Ya sé que quieres estudiar historia con Meredith, pero nadie se queda a dormir cuando al día siguiente hay clases.

Como pueden ver, el método para "mantenerse firme" se compone de tres partes.

Resumir con calma lo que dice su hijo

"Ya sé que os iríais temprano a la cama."

Utilizar la palabra "pero" para demostrar que los sentimientos de su hijo y su regla pueden coexistir

"pero"

Hacer un enunciado breve repitiendo la regla

"nadie se queda a dormir cuando al día siguiente hay clases."

Este método le permite reconocer los sentimientos de su hijo, a la vez que lo ayuda a usted a no irse por las ramas, a reforzar su posición y a transmitir el mensaje de que "Lo estoy diciendo en serio". El objetivo no es el de aplastar por completo la persistencia de su hijo, sino el de enseñarle a equilibrar su tenacidad con un respeto saludable hacia los demás. Mantenerse firme y continuar con reglas razonables en el hogar ayuda a los niños a aceptar límites en otros ámbitos y a canalizar su comportamiento avasallador por medio de vías más constructivas.

Encontrará muchas oportunidades para usar este tipo de métodos. Si su hijo aduce una lista de motivos por los cuales no quiere ir a la escuela dominical: "Es muy temprano", "No va ninguno de mis amigos", "No me gusta". Usted podrá reconocer cada razón, agregar esa palabra tan fácil de recordar ("pero") y luego mantenerse firme repitiendo la regla básica. "Es hora de que vayas a la escuela dominical."

Si su hija enumera varias razones persuasivas para explicar
por qué no puede sacar a pasear al perro ("Estoy hablando por
teléfono", "Me pusieron muchos deberes en la escuela", "Afuera
hace mucho frío"), usted puede mantener su calma y su norma.
Sencillamente, reconozca cada uno de esos motivos, utilice la
palabra "pero" y repita: "Te toca a ti sacar a pasear al perro".
Puede considerar que ha obtenido éxito si:

- Se mantiene "relativamente" tranquilo, aunque su hijo no lo esté, y así evita el conflicto consecuente.
- Permanece firme respecto al tema en cuestión.
- Le demuestra a su hijo, y a usted mismo, que trata de ser coherente.

Sea cual fuere el tema, usted puede hacer que las reglas y los hábitos se mantengan firmes si utiliza este método para no ceder. *La capacidad de mantenerse firme no depende de la respuesta de su hijo: ¡depende de la suya!*

No olvide lo siguiente

1. No ceda ante las maniobras persistentes de su hijo.

2. Cuando note que cede terreno, ése será el indicio que le demostrará que está haciendo demasiados esfuerzos para justificar su posición y para convencer a su hijo de que usted tiene razón.

3. Puede sentirse satisfecho si permanece relativamente tranquilo, aunque su hijo no lo esté. Quien determina el éxito es su comportamiento, no el de su hijo.

4. No ceje en su posición y utilice el método descrito para "mantenerse firme".

   - *Resuma con calma lo que le dijo su hijo.*

   - *Utilice la palabra "pero" para demostrar que los sentimientos de su hijo y su regla pueden coexistir.*

   - *Exprese una frase corta que repita la regla.*

Consejo práctico

Busque la negociación

Estipule reglas junto con sus hijos y no simplemente para ellos. Se mostrarán más propensos a cooperar y las reglas constituirán un instrumento positivo para generar orden, y no un arma para vencerlos a ellos.

Hasta ahora nos hemos referido a cómo los padres pueden poner eficazmente en práctica una estructura para el hogar. En su totalidad, los ejemplos mencionados se basan en reglas y rutinas establecidas por padres. Tan pronto los padres han determinado la importancia de la estructura, pueden comenzar a dejar participar a sus hijos en el proceso, porque es tan importante que los niños experimenten el valor de crear hábitos como el hecho de cumplirlos.

Descubrirá que cuando sus hijos cooperen a crear orden en el hogar, tendrán un compromiso mucho mayor respecto del cumplimiento de las reglas establecidas. ¿Y eso cómo se logra? Mediante la negociación. Cuando padres e hijos se reúnen para resolver un problema, todos tienen su espacio para expresarse durante un lapso similar. Esta es la oportunidad perfecta para que todos los miembros de la familia den su opinión, incluso los niños.

PLANIFIQUE LA DIVERSION

Antes de entrar directamente en la negociación de reglas y hábitos con su hijo, puede comenzar con el proceso de negociación como un método para planificar actividades familiares que incluyan la diversión. Esta técnica sirve a variados propósitos. En primer lugar, evidentemente, establece como una rutina doméstica el tiempo de diversión de la familia. En segundo lugar, puesto que el tema no es amenazador y, a la vez, sumamente entretenido, todos pueden expresar libremente sus ideas y escuchar lo que los demás tienen para decir mientras van creando un plan. Por último, al mismo tiempo que los niños contribuyen a planificar actividades divertidas, están asimilando el arte de pensar en conjunto y de negociar. Mientras, usted está preparando el terreno para tratar otros temas más complejos.

Por tanto, no cometa el error de abordar problemas y de expresar quejas como primer tema a tratar. Atraiga a sus hijos y entusiásmelos respecto del proceso de negociación hablando sobre temas como las vacaciones, el programa familiar para el sábado por la tarde, o sobre el restaurante donde irán próximamente. Si en realidad quiere ganar su atención, puede educarlos en el proceso de negociación enseñándoles uno de los tópicos más populares en todos los hogares: la asignación económica semanal.

COMO CANALIZAR EL INTERES QUE SU HIJO TIENE POR EL DINERO

El término "asignación semanal" constituye una estrategia a toda prueba para que los niños de cualquier edad se interesen en el arte de negociar unas normas; es decir, en este caso, de la norma de recibir dinero semanalmente. En vez de que el dinero se convierta en un campo de batalla, usted puede canalizar el interés que sus hijos tengan por el dinero utilizando el hábito de fijar una asignación semanal como forma de explicarles el proceso de negociación.

Una asignación semanal es un regalo maravilloso para entregarle a un niño. El regalo no es el dinero en sí, sino el sentido de responsabilidad y poder que éste confiere. Un niño puede tomar buenas o malas decisiones por su propia cuenta. Puede disfrutar del sentimiento de haber ahorrado lo suficiente como para comprarse ese objeto tan deseado o sufrir la desilusión de adquirir ese preciado juguete que luego resultó no ser tan maravilloso. Cuando los padres entregan dinero a sus hijos de acuerdo con sus propios caprichos o cuando los niños lo desean, se les priva a éstos de experimentar el hecho de ahorrar y planificar con antelación. En vez de aprender acerca de la responsabilidad y de cómo gastar el dinero con sensatez, aprenden cómo obtener dinero de mamá y de papá.

Ahora bien, los padres pueden establecer un sistema que otorgue a sus hijos la libertad y la responsabilidad que acompañan al "Poderoso Caballero Don Dinero". Ya se trate de cincuenta centavos o de cinco dólares, una asignación semanal proporciona al niño una sensación de independencia y de control sobre su vida, además de la oportunidad de negociar por sus propios medios.

Veamos qué pueden hacer los padres y los hijos para negociar un acuerdo de la mejor manera posible. Muy pronto descubrirán que cuando el tema en cierne es el dinero, aparecen dos preguntas fundamentales: ¿cuánto? y ¿para qué? ¿Cuánto dinero obtendrá su hijo y qué se le permitirá comprar con él? Evidentemente, usted deberá tener en mente una suma determinada que le parezca justa. Pero en vez de imponer su idea, puede invitar a su hijo a pensar juntos en este tema.

Invítelo a sugerir ideas

"¿Qué cantidad crees que necesitarías como asignación semanal?"
"¿Cómo administrarás tu dinero?"

Este es el punto de partida, en el que todos manifiestan sus ideas. A medida que avance en el tema, usted deseará que sus expectativas sean lo más claras posible. Podrá lograrlo si utiliza la siguiente técnica de negociación:

"Yo estoy dispuesto a" y "Yo quiero"

"Estoy dispuesto a darte 2 dólares cada semana."
"Quiero que ahorres 1 dólar de esa cantidad."
"Estoy dispuesto a darte 5 dólares por semana."

61

"Quiero *que los gastos extras, como golosinas y entradas de cine, sean responsabilidad tuya.*"

"Estoy dispuesto *a establecer una asignación semanal de 10 dólares.*"

"Quiero *que tus gastos para diversión y almuerzos en la escuela sean responsabilidad tuya.*"

Advierta que la clave de esta sencilla técnica de negociación consiste en comenzar con la frase "Estoy dispuesto a". Si inicia la negociación manifestando qué está dispuesto a hacer algo, tendrá mayores probabilidades de obtener la atención de su hijo y de evitar mostrar debilidad por su parte. Luego puede continuar exponiendo qué desea a cambio. Sea tan claro y específico como pueda, de modo de que no haya lugar a malentendidos. A medida que practique esta técnica, su hijo seguirá su ejemplo y comenzará a manifestar qué desea él y qué está dispuesto a hacer, probablemente por ese mismo orden.

Puesto que una asignación semanal es un tema ideal de negociación, quisiéramos darle algunos consejos específicos para que los lleve consigo a la "mesa de negociaciones".

La mayoría de los padres quieren saber cuándo deben comenzar a otorgar una asignación semanal. En una ocasión, un padre nos dio esta graciosa regla de oro: El mejor momento para comenzar a darle a un niño una asignación semanal es cuando él le acosa a usted sin piedad, pidiéndole que le compre dulces cada vez que entran en una tienda. Ya sea que se trate de veinticinco centavos para la máquina expendedora de chicles, o de cincuenta centavos para comprar los caramelos situados junto a la caja registradora, éste es un indicio de que puede comenzar a darle una asignación semanal a su hijo. De ahí en adelante, su hijo podrá elegir qué desea y usted podrá ayudarlo a que sepa qué hacer para que su dinero le alcance.

Este momento es mucho más adecuado para comenzar que cuando su hijo ya se ha convertido en un adolescente, y es más probable que entonces el dinero se convierta en un posible campo de batalla. Si usted quiere que su hijo aprenda a administrar su dinero, comience a darle su asignación semanal a una edad temprana.

Como hemos ilustrado en los ejemplos "Yo estoy dispuesto a", "yo quiero", un niño debe saber desde el principio qué se espera que haga con su asignación. Establecer de antemano el objetivo de una cantidad semanal facilita en gran medida la determinación de cuál es la naturaleza de esa cantidad. Es interesante destacar que cuando se les dice a los niños que paguen sus almuerzos escolares, ellos, como por arte de magia, comienzan a prepararlos en casa para poder ahorrarse el dinero y destinarlo a otras cosas. Este es un buen ejemplo de cómo un niño comienza a establecer sus prioridades y a administrar su dinero.

Aunque resulte obvio, es importante recordar que la asignación semanal le pertenece únicamente al niño, y que usted debe respetar ese derecho. En muchas ocasiones, los padres asienten vigorosamente demostrando su acuerdo con este tema, mientras que más tarde "piden prestado" monedas sueltas de las alcancías de sus hijos. Durante una reunión grupal de padres, una madre contó, avergonzada, que le había estado pidiendo dinero prestado a su hijo con cierta frecuencia hasta que éste lo escondió y le hizo explicar los motivos con calma. Otro padre relató algo similar: "A mi hijo mayor nunca le molestaba que le pidiera dinero prestado, ¡pero comenzó a cobrarme intereses!". El hecho es que el dinero le pertenece a su hijo y que él merece cierto control sobre el mismo.

No convierta la asignación semanal en una espada de Damocles situada sobre la cabeza de su hijo, amenazándolo constantemente con dejar de dárselo cada vez que se porte mal. ¿Cuántos padres se descubren a sí mismos entonando esta frase a lo largo de la semana: "Si no haces esto, no obtendrás tu paga semanal"? Incluso en los momentos en que se sienta desesperado, esa asignación no debe convertirse en una herramienta para controlar a su hijo, sino en una forma de fomentar la independencia. Es cierto, habrá ocasiones en las que sí deberá retenerle ese dinero, por ejemplo si el niño ha roto algo y debe pagar por él, o si está utilizando su dinero en asuntos ilegales o dañinos. Pero, en general, una asignación semanal es algo con lo que un niño debería poder contar.

Si bien este tema seguro cuenta con la atención de su hijo,

usted también querrá emplear la negociación para establecer otros hábitos que no son tan interesantes para él. Las tareas hogareñas son un buen ejemplo de lo que queremos significar.

ASIGNACION DE TAREAS HOGAREÑAS

Hacer las camas, limpiar la casa, lavar los platos y sacar la basura ocupan una gran cantidad de nuestra atención y de nuestro tiempo, particularmente cuando estamos tratando de obtener algún tipo de ayuda de nuestros hijos. Si las tareas hogareñas se asignan cuando los niños son pequeños, ellos quieren ayudar. En realidad, piden cosas para hacer dentro de casa. Este es un buen momento para que los miembros de la familia escriban las tareas que deben realizarse en casa en trozos de papel, los coloquen en un recipiente y elijan una labor diferente por semana.

Así que encuentre cuanto antes la oportunidad de enseñarle a su hijo que cada miembro del grupo familiar puede contribuir a las tareas domésticas.

Sin embargo, cuando su hijo llega aproximadamente a los siete u ocho años, aquellas gloriosas palabras de "Mami, ¿puedo ayudarte?" se escuchan cada vez con menos frecuencia. Si bien el juego de los papelitos en el recipiente funciona de maravilla con niños pequeños, a medida que éstos crecen parecen "olvidarse" de las tareas, o bien quieren recibir dinero a cambio de realizarlas.

Un padre, el Sr. Y., estaba harto de los problemas que esto le ocasionaba con sus dos hijos, Jeremy y Michael. El Sr. Y. creía firmemente que los hijos deben realizar tareas domésticas porque son miembros de la familia. Puesto que no tenía esposa, sus responsabilidades eran enormes y estaba cansado de hacer la mayor parte de los trabajos de la casa. Quería recibir más ayuda de sus hijos. Y ellos estaban dispuestos a ayudarlo, pero querían obtener dinero a cambio. Jeremy le había echado el ojo a un nuevo guante de béisbol y Michael tenía en mente ahorrar para comprarse un equipo de música. Se les ocurrió que la mejor manera de incrementar su liquidez era realizar tareas domésticas en su hogar.

El Sr. Y. no lo aceptó. "A los padres nadie les paga para que hagan los trabajos domésticos. ¿Por qué, entonces, hay que pagarles a los hijos?", dijo, quejándose ante nosotras. No se sentía culpable. Después de todo, él no era ningún tirano y no pedía nada extraordinario. Además, sus hijos contaban con dinero, puesto que recibían una asignación semanal. Lo menos que podían hacer era realizar la parte que les correspondía en las tareas domésticas.

¿Qué hizo el Sr. Y.? Decidió negociar, con la esperanza de que los tres juntos pudieran llegar a una solución justa para todos. Durante una de nuestras reuniones de asesoramiento familiar vino con sus dos hijos y sacó el tema para animar a todos a expresar sus ideas con el propósito de lograr una solución.

"Los trabajos del hogar no se realizan. ¿Qué creéis que podemos hacer al respecto?" (Invítelos a que expresen sus ideas.)

Sus hijos no eran tontos. Hacían lo que podían para evitar que la conversación prosiguiera. Permanecían sentados sin pronunciar palabra.

Eso no detuvo al Sr. Y. Expuso su idea de manera clara y razonable, empleando frases del tipo "Estoy dispuesto a" y "Quiero".

"Estoy dispuesto a hacer algunas de las tareas domésticas."
"Quiero que me ayudéis con algunas de ellas."

¿Acaso sus hijos saltaron de las sillas y estuvieron de acuerdo en ayudarlo? No. Pero lo que sí hicieron fue comenzar a negociar entre ellos. No estaban preparados para dejar de lado la idea de obtener un dinero extra. Dieron vueltas y vueltas hasta que finalmente llegaron a una idea sorprendentemente razonable.

Ellos ayudarían a realizar las tareas "de rutina", tales como poner la mesa, sacar a pasear al perro, vaciar el lavavajillas y sacar la basura, y no recibirían dinero a cambio. Alternarían las tareas entre sí e incluso le dieron un toque de flexibilidad al proceso incluyendo las opciones de realizar trueques y "nego-ciar". Por ejemplo, el Sr. Y. podría cambiar con Jeremy la tarea de sacar a pasear al perro cuando Jeremy volviera tarde de su entrenamiento de baloncesto.

Por medio de este trato, los muchachos obtuvieron algo más que el mero hecho de ayudar a su padre con las tareas del hogar. Si bien acordaron realizar trabajos domésticos rutinarios sin recibir pago alguno, obtendrían un dinero adicional por las tareas no cotidianas, como por ejemplo cortar el césped, quitar la nieve de la entrada, lavar las ventanas, pasar la aspiradora en la sala y vaciar el garaje.

Al Sr. Y. la propuesta le pareció razonable y los muchachos se dieron cuenta de que probablemente no iban a conseguir mucho más. Quedaba un solo problema que no habían tenido en cuenta. ¿Qué ocurriría si nadie hacía los trabajos rutinarios? Antes de que la familia Y. se retirara de la sesión, les sugerimos que sellaran el pacto estableciendo una consecuencia.

En este punto la familia se puso de acuerdo. Acordaron una serie de consecuencias posibles que sellaron el trato.

SR. Y.: "Si las tareas no están terminadas a las diez de la noche, entonces las haré yo y cobraré 2 dólares por tarea".

O

SR. Y.: "Si alguien olvida realizar una tarea doméstica, deberá hacerla en seguida y además tendrá que volverla a hacer otro día".

O

MICHAEL: "Si tengo que realizar alguna de las tareas que te corresponde a ti, entonces tú tendrás que hacer alguna de las mías".

Esta parte final de la conversación destaca una técnica importante del proceso de negociación: el compromiso para "sellar el pacto". Cuando los haya invitado a expresar sus ideas y haya utilizado las frases "Yo estoy dispuesto a", "Yo quiero", tal vez deba agregar esta tercera técnica de negociación. Esta-blecidas las consecuencias, se las debe expresar de la forma más clara y específica posible, para que no haya sorpresas. En este

66

caso, la familia Y. pudo sellar el pacto con una consecuencia que todos podrían, como mínimo, tolerar. Lo que finalmente decidieron no es tan relevante como el hecho de que existieron muchas opciones y de que no hubo una única respuesta correcta. La familia Y. eligió aquello que era operativo para ellos, así como su familia optará por lo que funcione para ustedes.

Para el Sr. Y. lo más destacable fue que "Todos procuraron que la regla se cumpliera. Mis hijos consideraron que la regla era justa, y sabían con exactitud qué se esperaba de ellos. Ellos la respetaron mucho mejor de lo que pude hacerlo yo".

Además del hecho de las decisiones reales tomadas respecto de los trabajos domésticos, Jeremy y Michael aprendieron algo más duradero y tal vez más importante: las técnicas de pensar y expresar ideas, de solucionar problemas y de ceder, y la capacidad de manifestar sus ideas y de escuchar las de los demás, aunque no estuvieran de acuerdo con ellas. Estas serán las técnicas que aplicarán en sus relaciones con amigos y maestros. Estas son las técnicas que les ayudarán a comunicarse con la gente y a enfocar las tareas de la vida con una actitud positiva ante la resolución de problemas.

No olvide lo siguiente

1. Recuerde que los niños deben aprender a crear reglas y hábitos, no sólo a cumplirlas.

2. Utilice este proceso para tratar temas que le interesen a su hijo, tales como planes para las vacaciones, asignaciones semanales y compras, no sólo problemas y reglas.

3. Incluya en sus negociaciones a todas las personas que se integran en la cuestión a tratar. Se sorprenderá al observar que hasta su hijo más pequeño puede ofrecer la solución perfecta.

4. Haga que su negociación sea corta y concisa, y evite sermonear y culpar a los niños.

5. Si no quiere que sus hijos participen en la negociación de un tema en particular, no lo proponga. Si algo es innegociable, preséntelo como tal.

6. Utilice las siguientes técnicas de comunicación para negociar con su hijo:

   - *Invítelo a expresar sus ideas.*

   - *Diga frases que comiencen con "Yo estoy dispuesto a" y "Yo quiero".*

   - *Selle el pacto con una consecuencia.*

II

GENERE RESPONSABILIDADES
EN SUS HIJOS

En la sección anterior nos ocupamos de cómo los padres pueden establecer, en sus hogares, una estructura que reduce el peligro de caos y les enseña a los niños algunas técnicas invalorables que les servirán en el futuro. Pero los padres no desean simplemente formar a sus hijos para que sean pequeños seres que cumplen y siguen reglas. Por supuesto, habrá ocasiones en las que pensará que eso es exactamente lo que desean, pero esa preparación no les servirá para los años venideros. El desafío que se les presenta como padres consiste en tomar esa independencia natural que con frecuencia genera conflictos, y utilizarla para que su hijo avance hacia la obtención de responsabilidad y de autoconfianza. Si bien es cierto que ningún padre estaría en desacuerdo con este objetivo, con frecuencia, por ignorancia, lo convierten en algo más difícil de lo que debiera ser. Sin querer, establecen innumerables situaciones en las que la independencia se utiliza como amenaza o castigo. Pueden decir cosas como:

"Si no bajas ahora mismo, tú mismo te prepararás tu desayuno".
"Si no dejas de molestarme, deberás prepararte tú el almuerzo *para la escuela".*
"Desnúdate más de prisa o tendrás que bañarte tú mismo".

Estas manifestaciones hacen llegar a su hijo el mensaje de que la autoconfianza se vuelve necesaria cuando usted está demasiado enfadado para ayudarlo. Los niños aprenden a relacionar la independencia con ocasiones en las que sus padres están demasiado irritados para ayudarlos, en vez de considerarla como un logro. Las tareas de hacerse su propio desayuno, prepararse su propio almuerzo, bañarse sin ayuda y otros casos en los que participa la responsabilidad, deben presentarse de manera positiva. Los padres deben aprender a usar estas y otras oportunidades cotidianas para fomentar la autoconfianza y, por ende, la independencia, de manera normal y natural. Y cuando los padres ofrecen realmente estas oportunidades de lograr la independencia, muchos se sienten felices por la actitud autónoma de sus hijos. Si bien es cierto que algunos niños tienen mayor facilidad para salir adelante de forma independiente, también existen aquellos que luchan contra unos padres que los urgen a sentir autoconfianza. Incluso cuando los padres intentan ser positivos, es posible que el niño carezca de confianza, se sienta abrumado o, sencillamente, sea testarudo. Cualquiera que sea la razón para que un niño se niegue a actuar de forma independiente, los padres generalmente consideran toda reacción de este tipo como evidencia de un comportamiento malicioso y de poca cooperación, y responden ejerciendo aún más presión. En vez de presionar, un padre puede tratar de comprender la oposición del niño y ayudarlo a transitar por el camino de la independencia. Puede comenzar enseñándole a sentir autoconfianza utilizando los siguientes tres métodos:

• Convierta las tareas domésticas en hábitos agradables.
• Mantenga a su hijo en la silla del director.
• Trátelos como si formaran un equipo.

Cada una de estas técnicas le proporcionará las herramientas necesarias para brindarle apoyo y guía a su hijo, a la vez que lo alentará en su tránsito hacia la independencia y la autoconfianza.

Consejo práctico

Convierta las tareas domésticas en hábitos agradables

Logre el éxito dividiendo tareas independientes en porciones pequeñas, fáciles de realizar. Puede comenzar con los niños pequeños, con las responsabilidades de menor importancia. En vez de centrar su atención en temas relevantes y abrumadores, hágalo en las actividades insignificantes que forman parte de los hábitos cotidianos de todo niño.

El hecho de convertir tareas en hábitos agradables no es más que el arte de dividir tareas en etapas que el niño pueda emprender con confianza. Cuando hablamos acerca de desglosar tareas, nuestra experiencia nos dice que los padres se imaginan enseguida algo complejo y trascendente, como el hecho de administrar dinero o de realizar proyectos escolares que requieren mucha preparación. Cuando este tipo de tareas se dividen en partes más fáciles de efectuar, los niños se benefician enormemente. Sin embargo, sugerimos que comiencen a emplear este proceso con tareas de menor envergadura, casi insignificantes, que, por lo general, se consideran normales. El hecho de empezar por tareas pequeñas convierte a la independencia en un proceso de aprendizaje no amenazador que incrementa al máximo el concepto de éxito de su hijo, y que a la vez reduce al mínimo la lucha de deseos que se produce cuando un niño se siente presionado o amenazado. Por ende, sugerimos que comiencen este proceso con tareas agradables y no conflictivas, que fomenten la independencia.

Como ejemplo, relataremos el caso de una madre confiada, la Sra. T., que esperaba sinceramente que su hija aprovechara la ocasión de actuar de forma independiente. ¡Y su sorpresa fue mayúscula!

Una noche, temprano, como a Tessie le hacía falta un buen baño y su madre, la Sra. T., estaba ocupada como de costumbre, ésta decidió que había llegado el momento de que Tessie se bañara sola. Encantada con la idea, la madre llenó la bañera y luego dijo una frase que nunca pudo imaginar que iniciaría una pelea: "Debes bañarte ahora". Tessie se negó.

A medida que la Sra. T. comenzó a hartarse, su normal sugerencia fue degenerando en insistencias y amenazas. Tessie se desnudó a regañadientes. La Sra. T. pensó que había ganado la batalla, pero Tessie se negó a bañarse. "No sé hacerlo sola", gritó. La Sra. T. sabía que Tessie era perfectamente capaz de hacerlo, pero le faltaban las fuerzas para seguir peleando. La escena terminó con la madre lavando a Tessie, mientras se quejaba de que ella tenía que hacerlo sola. Esta situación es bastante parecida a la atmósfera divertida y de cooperación que describe un comportamiento independiente.

Lo que ocurrió fue que, para Tessie, lo que en realidad era una tarea sencilla se convirtió en una provocación. En vez de que el momento del baño fuera motivo de pelea, la Sra. T. podría haber empleado esta sencilla tarea, sin ningún matiz amenazador, como herramienta para enseñarle a Tessie, de forma gradual, a pesar de su resistencia, a cómo ser responsable.

En vez de asignar una responsabilidad de la forma como lo hizo la Sra. T., se pueden invertir las cosas dividiendo una oportunidad para aprender a valerse por sí mismo tan simple como ésta en partes más pequeñas, convirtiendo las tareas en hábitos agradables. Utilizaremos el ejemplo de la Sra. T. para ilustrar el proceso compuesto por cuatro etapas que incrementa la idea de cooperación, mientras el niño avanza por el camino de la autoconfianza.

ETAPA 1: COMO LOGRAR QUE SE REALICE LA TAREA

En la primera etapa usted hace el trabajo por completo, asumiendo toda la responsabilidad, mientras le enseña a su hijo. A medida que le dé indicaciones, haga participar al niño en pequeñas cosas y obtenga su compromiso. Esto puede lograrse con sencillez ofreciéndole la posibilidad de elegir entre dos opciones que cuenten con su conformidad. En nuestro ejemplo, en vez de abordar a Tessie diciéndole: "Tessie, debes bañarte ahora", una frase que bien podría generar una respuesta como: "No, quiero acabar de ver este programa de televisión", la Sra. T. podría haber hecho participar a Tessie de una manera sencilla y a la vez factible, empleando la siguiente técnica:

Permítales opinar acerca de sus opciones

"¿Te gustaría bañarte ahora, o cuando acaba el programa de televisión?"

Así, de una manera sencilla, usted le da la oportunidad a su hijo de elegir entre dos opciones, sin perder el control del resultado. Esta es una forma de permitir que él decida en un ámbito en el que no se pierden ni el control ni la estructura.

A continuación mencionaremos otros ejemplos para lograr la participación de su hijo en esta etapa:

"¿Vas a escribir esa carta esta noche o el sábado por la mañana?"
"¿Acabarás de limpiar el sótano ahora o cuando vuelvas de correr en bicicleta?"

Para lograr resultados eficaces, no olvide dos puntos clave al ofrecerle a su hijo una opción con limitaciones.

1. Sea específico y ofrézcale opciones que usted esté dispuesto a aceptar. No caiga en la trampa de intentar convencerlo de que haga lo que usted prefiere, cuando él ya ha elegido una de las opciones. Esto hará suponer al niño que lo que elija según su criterio está "mal", salvo que coincida con el de usted.

2. No confunda las advertencias ni las presiones con el hecho de ofrecerle opciones. "Si no te bañas ahora, no verás la televisión." "O te portas bien, o te vas a tu habitación." "O compras

este juguete, o no compras ninguno." Puede que el empleo de estas frases sea adecuado en ocasiones, pero no constituyen el tipo de opciones que desarrollan técnicas para la toma de decisiones.

ETAPA 2: EL ESFUERZO COOPERATIVO

Tan pronto como sea posible, avance hacia la segunda etapa y delegue en su hijo cierta responsabilidad en la finalización de la tarea. El secreto consiste en que su hijo y usted cooperen, mientras usted evita ocupar el papel de "jefe". Es fácil de lograr, si recuerda esta técnica:

Proponga una idea sin imponerse

En el caso de la Sra. T., en vez de decir:

"Prepara todas tus cosas mientras se llena la bañera. Busca tu ropa limpia, la esponja, la toalla, y no olvides el champú. Debes lavarte el cabello"

pruebe con lo siguiente:

"¿Por qué no llevas al baño las cosas que necesitarás, como tu ropa, la esponja, la toalla y el champú, mientras se llena la bañera?".

Mediante el uso de preguntas que comiencen con las palabras "¿Por qué no...?", puede motivar a su hijo a que tome la iniciativa sin obligarlo a que lo haga. Le está dando un suave empujoncito para que se ocupe de sí mismo poco a poco. Si el niño no acepta su sugerencia, no se está oponiendo a una exigencia, por lo que hay pocas probabilidades de que se genere un conflicto.

Al proponer una idea sin imponerse, puede sugerir situaciones que animen a su hijo a tomar la iniciativa. Los siguientes tres ejemplos ilustran lo que queremos decir:

78

"¿Por qué no *llamas a la tienda para preguntar si tienen zapatos de ésos, en tu número?*"

"¿Por qué no *buscas en el periódico si hay alguna oferta especial de la bicicleta que te gusta?*"

"¿Por qué no *buscas el teléfono que necesitas en la lista que te entregó la escuela?*"

"¿Por qué no?" es una frase que debe guardar en la manga y utilizarla cada vez que surja la oportunidad. Otra sugerencia: siempre que sea oportuno, puede utilizar esta técnica para sugerirle a su hijo que termine una tarea. Es muy alentador dejar que el niño realice el toque final, porque esto le da una sensación de logro.

ETAPA 3: ESTOY A TU LADO

En la tercera etapa, su hijo realiza la tarea desde el comienzo hasta el final, mientras usted "está a su lado". En el caso de Tessie, la Sra. T. podría haberse quedado en el baño observando cómo se bañaba su hija. En esta oportunidad es cuando los padres, por lo general, conceden unas pocas palabras de aliento: "¡Qué bien te has lavado los pies!", "Lo estás haciendo muy bien". Eso es correcto, pero recuerde que no debe sobrepasarse con los halagos. Su objetivo final es el de dejar de actuar como público y no presenciar la tarea que realiza su hijo más tiempo del necesario.

Recuerde que si bien su aprobación es importante, usted quiere enseñarle a su hijo a que confíe en sí mismo, sin tener que recurrir siempre a usted para que lo anime constantemente. Si tiene esto en cuenta, verá que esta etapa constituye el momento ideal para formular comentarios que fomenten la autoevaluación, no la confianza en cómo usted lo evalúa. Los niños deben aprender a valorar sus propias aptitudes y logros. Esta confianza es posible cuando usted emplea las siguientes técnicas:

Preguntas que fomentan la autoevaluación

"¿No te sientes orgulloso de ti mismo?"
"¿Qué has aprendido de esta experiencia?"
"¿Qué te parece cómo ha quedado todo?"
"¿Te parece bien como lo estás haciendo?"

Estas preguntas sirven para hacer pensar y constituyen una excelente oportunidad para que los niños se sientan orgullosos de sí mismos.

No obstante, queremos advertirles algo. No prolonguen esta etapa más de lo necesario, o se encontrarán estancados en ella. Esto le sucedió a una madre que tenía muy buenas intenciones, la Sra. O. Nos contó que incluso cuando su hija logró bañarse sola, le costaba mucho aceptar que su madre se fuera del cuarto de baño.

A su hija Shelby le gustaba tanto que su madre estuviera de pie, mirándola, cuando ella se bañaba, mientras conversaban acerca de las pequeñas cosas cotidianas, que no la dejaba irse. Shelby había convertido la rutina del baño en un espacio de tiempo para estar a solas con su madre. La madre se sentía culpable si se negaba a compartir ese "momento especial", particularmente cuando la hija decía: "Yo lo hago todo; tú quédate sentada allí y descansa, nada más". Por supuesto, para convencer a su madre de que se quedara, agregaba frases tales como: "Hoy no has estado mucho tiempo conmigo". Durante tres años, esta madre compartía un momento especial con su hija en el cuarto de baño, hasta que, en una ocasión, la Sra. O. tuvo que irse de la ciudad durante una semana. Cuando regresó, milagrosamente, su hija había comenzado a ducharse sin compañía. Está por demás decir que la Sra. O. nunca volvió al cuarto de baño cuando su hija se encontraba en él.

En la etapa final, usted ha logrado su meta. Su hijo realiza la tarea sin ayuda. En el caso de Tessie, ella se bañaría sola mientras su madre se hallaba en otro cuarto. En ocasiones, cuando un niño finalmente asume su responsabilidad respecto de la tarea, tal vez no lo haga del modo en que a sus padres les hubiera gustado. Aún así, si es posible, tanto él como usted deben luchar consigo mismos para evitar ir a echar una ojeada para ver cómo va todo, o para pedir ayuda. Para no caer en ello, utilice las siguientes dos técnicas simultáneamente:

Exprese lo que piensa o lo que siente
y
Demuéstrele confianza a su hijo

"He pensado que hoy es un buen día para que te laves el pelo," (Exprese lo que piensa o lo que siente.)
"pero tú sabes mejor que yo que hoy tienes cosas que hacer, de modo que estoy segura de que encontrarás el momento oportuno." (Demuéstrele confianza a su hijo.)
"No estoy muy segura de que cinco minutos en la bañera sean suficientes," (Exprese lo que piensa o lo que siente.)
"pero estoy segura de que tú sabes cuánto tiempo necesitas." (Demuéstrele confianza a su hijo.)

Recuerde, el objetivo no es el de lograr que su hijo haga la tarea a la perfección, sino desarrollar en él el sentido de independencia y capacidad.

Hasta ahora hemos visto cómo puede utilizarse este proceso compuesto por etapas durante un tiempo relativamente corto con respecto a las tareas sencillas. Si comienza con decisiones de poca magnitud mientras su hijo es pequeño, lo más probable es que éste comience a eludir responsabilidades que sean cada vez más difíciles y también las tareas más exigentes. Así que no limite el empleo de este proceso únicamente a las tareas sencillas. Estas etapas también son muy eficaces para enseñar todo tipo de responsabilidad, incluso las que tardan años en dominarse a la perfección.

A modo de ejemplo, analicemos una tarea que compete a todo padre e hijo en el inicio de la época escolar: la compra de material de estudio. Por lo general los padres y los hijos realizan juntos esta tarea, mientras los padres sostienen esa lista de material para asegurarse de haber adquirido todos los elementos. A los padres les encantaría ver a sus hijos comprar la carpeta "correcta" y los cuadernos rayados "correctos". Pero en cambio, ¿qué ocurre? El padre o la madre se encargan de elegir los materiales mientras el niño se dirige hacia el área de los juguetes o de las golosinas. "¿Qué te parece esta carpeta? ¿Cuántas hojas debe tener el cuaderno rayado?", grita la madre, mientras busca a su hijo. Y por lo general los padres compran lo más inadecuado. "Mamá, no puedo usar una carpeta con cinco anillos, ha de ser de tres". "No quiero tapas azules; quiero que sean rojas." "Mamá, esos lápices son demasiado delgados y no es fácil escribir con ellos." Y así prosiguen las quejas, hasta que la madre aprieta sus dientes y dice: "¿Cuál es la diferencia?". "Compra éstos; te servirán igual." O la amenaza final: "¿Por qué no los compras tú?".

En vez de esperar a enfrentarse a esta frustrante situación, avance al futuro y comience a motivar a su hijo ahora mismo. A continuación sugeriremos cómo puede aplicar el proceso de cuatro etapas para combatir la locura que implica la compra de material escolar o para cualquier otra compra.

ETAPA 1: LOGRAR QUE SE HAGA LA TAREA

Sea usted el responsable de hacer la compra, pero dé a su hijo algunas opciones.

"¿Cuál te gusta más: la carpeta roja o la azul?" (Permítale opinar acerca de sus opciones.)

ETAPA 2: EL ESFUERZO COOPERATIVO

Enseñe a su hijo a tomar ciertas iniciativas.

"¿Por qué no llamas a la tienda antes de que vayamos, para ver si tiene los lápices que necesitas?" (Proponga una idea sin imponerse.)

83

"¿Por qué no controlas cada cosa de la lista, a medida que las vamos comprando?" (Proponga una idea sin imponerse.)

ETAPA 3: ESTOY A TU LADO

Probablemente esta etapa no sea aplicable hasta que su hijo tenga ocho o nueve años. Ahora, usted puede apartarse un poco y dejar que su hijo asuma mayores responsabilidades respecto de la compra. Será su hijo quien recorrerá la tienda buscando el portaminas perfecto, mientras usted actúa como si fuera un consejero y fija algunos límites respecto del presupuesto. Puede alentar a su hijo con elogios, pero recuerde que su aprobación debe ser secundaria. Lo importante es la autoevaluación que él haga de sí mismo.

"¿Estás contento con lo que has elegido?" (Formule preguntas de autoevaluación.)
"¿Qué es lo que has aprendido al comparar precios?" (Formule preguntas de autoevaluación.)
"¿No te sientes orgulloso de todo lo que pudiste comprar con diez dólares?" (Formule preguntas de autoevaluación.)

ETAPA 4: DELEGUE LA TAREA

Finalmente, su hijo puede arreglárselas solo. Usted puede llevarlo hasta la tienda para que compre los materiales con la lista en su mano. Cuando su hijo pueda realizar una compra solo, de usted depende si él se queda con ella o no. Por supuesto, puede darle su opinión, pero cuando sienta el impulso de decirle: "Debe de ser una broma, ¿cómo has podido gastar tanto dinero en eso?", reprímase y en su lugar diga algo parecido a:

"No pensaba que necesitaras un cuaderno tan caro". (Exprese lo que piensa o lo que siente.)
"Pero tú sabes mejor que yo lo que necesitas". (Demuéstrele confianza a su hijo.)

Empleará estas cuatro etapas de forma diferente, según cuáles sean las necesidades individuales de su hijo. Algunos niños suelen ser más prudentes y se sienten más incómodos realizando por sí solos tareas sencillas, mientras otros tratan de prescindir de la "ayuda" de sus padres. Algunas tareas requieren una gran supervisión por parte de los padres, mientras otras son menos complicadas y el niño las puede realizar sin ayuda. El hecho es que estas cuatro etapas deparan un proceso que cualquier padre o madre puede adaptar a su caso en particular. Y es un proceso que no sólo ayuda a un niño difícil, sino también al padre reticente que no deja que él haga las cosas por su cuenta.

A decir verdad, el hecho de convertir las tareas en hábitos agradables constituye un maravilloso marco de referencia, tanto para los padres como para los hijos, en el trabajo conjunto que llevan a cabo para el logro gradual de la independencia de su hijo. Al dividir las tareas en cuatro etapas fáciles de realizar, usted está estructurando el futuro éxito. Puede felicitar a su hijo por el buen trabajo que ha efectuado, a la vez que le continúa enseñando y guiando.

Al fomentar la independencia por medio de tareas sencillas, y después cada vez más complejas, le está otorgando a su hijo la oportunidad de probar su capacidad para considerar entre varias opciones y tomar decisiones con poco riesgo. Aunque en algunas ocasiones resulte poco conveniente, aproveche la ilimitada cantidad de oportunidades para "practicar". Con el tiempo, esas prácticas servirán para que su hijo afronte situaciones más difíciles. Cuánto más haya practicado, más confiará en su propio juicio y, lo que es más importante, ejercerá un mayor control de su vida.

De modo que empiece por tareas sencillas, en las que tenga la mejor probabilidad de éxito, y siga avanzando hasta llegar a las tareas más desafiantes de la vida. Luego compruebe cómo el hecho de elegir entre varias opciones, tomar la iniciativa y volverse independiente, se reflejará en todas las áreas de la vida de su hijo.

No olvide lo siguiente

1. Empiece a fomentar la independencia de sus hijos en las tareas simples y cotidianas. Ellas constituyen los ladrillos que servirán para construir la independencia futura.

2. Si su hijo muestra temor o no está dispuesto a asumir responsabilidades, inícielo de forma gradual, dividiendo la tarea en cuatro etapas fáciles de llevar a cabo.

3. A medida que su hijo logre completar las tareas por su cuenta, enséñele a confiar en sí mismo y no únicamente en usted, con el objetivo de obtener su aprobación constante.

4. Cuando convierta tareas en hábitos agradables, emplee las siguientes técnicas de comunicación:

    - *Permítales a sus hijos opinar acerca de sus opciones. (Etapa 1)*

    - *Proponga una idea sin imponerse. (Etapa 2)*

    - *Formule preguntas de autoevaluación. (Etapa 3)*

    - *Exprese lo que piensa y lo que siente. (Etapa 4)*

    - *Demuéstrele confianza a su hijo. (Etapa 4)*

Consejo práctico

Mantenga a su hijo en la silla del director

Trate de no tomar a su cargo las responsabilidades que competen a sus hijos, por mucho empeño que éstos pongan en inmiscuirlo a usted. Deje la responsabilidad en manos de quien corresponde, con una actitud de apoyo y afecto.

Al lograr que las tareas se conviertan en hábitos agradables, hemos visto cómo puede usted comenzar a delegar responsabilidades sencillas y decisiones poco relevantes con el propósito de fomentar la iniciativa y la autoconfianza del niño. Pero, ¿qué ocurre en aquellas ocasiones en las que su hijo se enfrenta a responsabilidades que deben ser asumidas en este preciso momento? Puede usted aprender a impulsar a su hijo hacia la independencia, mientras se alejan cada vez más del proceso. Puede usted asumir que su hijo se haga cargo, mientras le brinda su apoyo. Para ejemplificar este punto, nos centraremos en un área que pone de manifiesto el tema de la responsabilidad y de la autonomía en muchos hogares: los deberes escolares.

Evidentemente, los padres siempre deben investigar si el rechazo de su hijo a realizar los deberes es el resultado de un problema de aprendizaje para, así, poder obtener la ayuda adecuada. Pero con frecuencia nos encontramos con que incluso el niño más inteligente puede demostrar esa otra habilidad para lograr que sus padres colaboren excesivamente en la realización de sus deberes, intentando librarse así, por entero, de su propia responsabilidad.

El siguiente es un ejemplo de una madre, la Sra. R., que tuvo que afrontar esta difícil situación que le planteaba Larry, su hijo.

La maestra de Larry había encargado a la clase la realización de unos deberes basados en la genealogía. Cada niño debía elegir un miembro de la familia a quien entrevistar, y luego escribir sobre él. Al enterarse del proyecto, la Sra. R., exclamó: "¡Qué buena idea!". Pero cuando Larry comenzó a "pedir ayuda" a su madre, ésta deseó no haber escuchado nunca la palabra "genealogía". A continuación transcribimos el relato que ella realizó del intento insistente de Larry para que su madre se ocupara por completo del proyecto:

LARRY: Tengo que hacer este proyecto de genealogía para la escuela y es muy difícil. Debo entrevistar a alguien de mi familia. ¿A quién te parece que debería llamar?
SRA. R.: Podrías llamar al abuelo. A él le encanta hablar. Otra posibilidad es la tía Phyllis, que vendrá a la ciudad la próxima semana y creo que te ayudaría con mucho gusto.
LARRY: ¡Mamá, yo sólo quiero poder hacerlo y entregarlo!
SRA. R.: ¿Qué quieres decir con que sólo quieres entregarlo?
LARRY: Eso de entrevistar al abuelo tal vez sea una buena idea. [Y en seguida agregó]: ¿Por qué no lo llamas?
SRA. R.: Eres tú quien debe llamarlo.
LARRY: No puedo. No sé qué decir.
SRA. R.: Primero le cuentas lo del proyecto. Luego, comienzas con algunas preguntas sencillas como "¿Dónde naciste? ¿Cuándo llegaste al país?"
LARRY: ¿Lo podrías hacer tú, por favor?

La Sra. R. nos contó que cuanto más intentaba negarse a participar en la tarea, mayor era la presión que Larry ejercía con sus preguntas y ruegos. Ella sabía que no debía hacerse cargo y realizar los deberes pero, ¿qué debía hacer? ¿Debía mantenerse alejada por completo del proyecto y decirle a Larry que se las arreglara solo? No. Ese tipo de alejamiento tan brusco conduce por lo general a una pelea. Así, Larry intentaba lograr cada vez con mayor empeño que su madre participase, haciendo comentarios del tipo: "¡A ti no te importa si me suspenden! A todos mis amigos los ayudan sus padres cuando tienen deberes difíciles".
Muchos de ustedes tal vez no hubieran sentido mucha

compasión, a pesar de que Larry se enfadaba cada vez más. Podrían objetar: "¿Qué hay de malo en que un niño se enfade, si lo que está tratando de evitar es hacer su trabajo?". El punto central de la cuestión no reside en el hecho de que Larry esté enfadado o no, sino en el siguiente: cuando los padres se niegan a ayudarlos sin darles una razón para ello, en general sus hijos dejan de tener en cuenta las tareas (los deberes, en este caso) y empiezan a pensar cuán poco les importan a sus padres y qué malos e indiferentes son éstos. Este es el momento en que el niño se aferra a la idea de que es una víctima, una pobre víctima inocente. Se olvida de sus problemas y comienza a pelearse con esos "padres espantosos e intransigentes".

Para evitar que esto no suceda, la Sra. R. debía encontrar un equilibrio entre prestarle ayuda a su hijo y negarse a realizar sus deberes. Por último, necesitaba dar con la forma de permanecer al lado de su hijo y, a la vez, de modo firme pero afectuoso, dejar que Larry lidiara con su tarea en vez de luchar con ella. Las siguientes son algunas de las expresiones que podría haber utilizado la Sra. R., o cualquier otra madre en su lugar, para evitar inmiscuirse demasiado en los deberes de su hijo, manteniéndose firme al mismo tiempo en sus argumentaciones:

LARRY: Tengo que hacer este proyecto de genealogía para la escuela y es muy difícil. Debo entrevistar a alguien de mi familia. ¿A quién te parece que debería llamar?

SRA. R.: A ver, déjame pensar... ¿Cuándo debes entregarlo? ¿Tienes tiempo suficiente para hacerlo?

LARRY: ¡Sólo quiero terminarlo cuanto antes!

SRA. R.: Si sabes que tu objetivo es terminarlo cuanto antes, ¿a quién piensas entrevistar?

LARRY: Tal vez al abuelo. ¿Por qué no lo llamas?

SRA. R.: Me quedaré a tu lado y escucharé qué le dices mientras lo llamas desde el teléfono de la cocina.

LARRY: ¿Qué debo preguntarle?

SRA. R.: No lo sé.

LARRY: ¡Yo tampoco!

SRA. R.: ¿Por qué no preparas las preguntas antes de llamarlo? Tal vez de ese modo te resulte más sencillo.

LARRY: No se me ocurre ninguna.

SRA. R.: Entonces elegiste muy bien al candidato, porque al abuelo le encanta hablar. Probablemente no tendrás que hacerle muchas preguntas.

A estas técnicas las denominamos "devolver la pelota". Son técnicas de comunicación que mantienen a su hijo en el papel de director, a la vez que el suyo es el de apoyo. Son técnicas que le permitirán que un niño insistente no lo envuelva a usted con sus razonamientos. En vez de ello, el mensaje que él debe recibir clara, firme, pero cordialmente, es: "Depende de ti". Si bien no es necesario emplear las seis técnicas para "devolver la pelota" en todo momento, le será de suma utilidad familiarizarse con ellas y saber cómo utilizarlas de la manera que le resulte más adecuada a usted y a cada situación. Son éstas:

Señale el objetivo

"A ver..., déjame pensar. ¿Cuándo tienes que entregarlo? ¿Tienes tiempo suficiente para hacerlo?"

Si bien es correcto realizar una sugerencia, es más importante todavía alentar al niño a señalar sus propios objetivos específicos, tales como cumplir con una fecha de entrega o expresar una idea en particular. Cabe advertir la importancia de que sea su hijo quien elija el objetivo, en vez de decirle cómo alcanzar un objetivo seleccionado por usted.

"¿Cuándo debes comenzar a hacerlo?"

es muy diferente de:

"Es preferible que empieces el trabajo cuanto antes, o nunca lo terminarás."

Los siguientes son otros tres ejemplos de cómo señalar el objetivo.

"¿Cuál es la fecha en que debes entregar el proyecto?"
"¿Para qué personaje de la obra has decidido presentarte para realizar la prueba?"
"¿Qué puntuación piensas obtener en la prueba de matemática?"

Invierta la responsabilidad

"Si sabes que tu objetivo es terminarlo cuanto antes, ¿a quién piensas entrevistar?"

Este tipo de comentario le permite expresarle a su hijo que la responsabilidad es de él. En vez de sermonearlo, darle instrucciones o liberarlo de su obligación ocupándose usted del problema, debe hacer saber a su hijo que depende de él tomar una decisión o solucionar un problema. Este es el tipo de comentarios que puede emplear cuando crea que su hijo está preparando la red para atraparla.

A continuación, incluiremos tres comentarios adicionales que usted podrá emplear para invertir la responsabilidad:

"¿Has pensado en qué harás?".
"Me pregunto qué es lo que decidirás hacer."
"Estoy ansiosa por ver cómo te queda."

Ofrézcale su apoyo

"Me quedaré a tu lado y escucharé qué le dices al abuelo desde el teléfono de la cocina."

Esta es una técnica muy importante. Es una oportunidad para demostrar su disposición a ayudar sin hacerse cargo por completo de la tarea. Si cree que su hijo necesita algo más que apoyo, es decir, ayuda concreta, asegúrese de que le asigna una tarea limitada y específica. Usted desea ayudar a su hijo de modo que él se mantenga como director, mientras usted ocupa el lugar de su asistente. Los siguientes tres comentarios brindan apoyo y le permiten permanecer en su papel.

"¿En qué puedo ayudarte?"
"Tengo unos quince minutos libres. ¿Hay algo en especial que quieres que haga?"
"Cuando sepas qué puedo hacer para ayudarte, dímelo."

No sea una sabelotodo

"No lo sé."

¿Quién dice que usted debe conocer todas las respuestas? En ocasiones es mejor que no se exprima el cerebro tratando de encontrar la respuesta perfecta para su hijo. No sólo lo está privando de enfrentarse él mismo al desafío, sino que, con mayor frecuencia de la que quisiéramos, nuestros hijos encuentran mejores soluciones o respuestas que las que nosotros podemos ofrecerles.

Los siguientes son otros dos comentarios que les harán saber a sus hijos que usted no siempre conoce todas las respuestas.

"Ojalá supiera cómo ayudarte, pero no sé qué hacer."
"Yo tampoco sé por dónde comenzar."

Sugiérale una idea sin imponerse

"¿Por qué no preparas las preguntas antes de llamarlo? Tal vez de este modo te resulte más sencillo."

Como ya hemos visto, el empleo de la pregunta "¿Por qué no...?" le permite sugerirle una idea a su hijo sin imponérsela. El "¿Por qué no...?" puede sugerir implícitamente una idea que podría ayudar a su hijo a actuar, dejando que sea él quien decida. Recuerde: éste no es el momento de decirle a su hijo qué debería hacer. Es el momento de sugerir algunas ideas de manera breve y sencilla, con el objetivo de alentarlo.

Los siguientes son otros dos ejemplos de cómo proponer una idea sin imponerse.

"¿Por qué no llamas a tus compañeros de clase para pedirles el libro que te olvidaste en la escuela?"
"¿Por qué no vas en bicicleta a tus entrenamientos, y así no tienes que esperarnos?"

Demuéstrele confianza a su hijo

"Entonces elegiste muy bien al candidato, porque al abuelo le

encanta hablar. Probablemente no tendrás que hacerle muchas preguntas."

Como sugerimos anteriormente, es importante demostrar confianza en su hijo aunque usted hubiera resuelto la situación de manera diferente. Esto es especialmente cierto cuando su hijo toma el camino más fácil.

Si usted no puede decirle algo con un grado mínimo de honestidad, es mejor que no lo intente. No obstante, recuerde que lo importante no es cómo él decide solventar una situación determinada, sino que usted está apoyando el proceso de su toma de decisión independiente.

Los siguientes son dos comentarios adicionales que puede utilizar para demostrarle a él cierta confianza.

"Sé que harás lo que creas mejor."
"Verdaderamente, creo que lo puedes hacer."

Es importante emplear cualquiera de estas técnicas utilizando un tono afectuoso y cariñoso. Aquí no cabe el sarcasmo. Usted no está desafiando a su hijo, ni lo está obligando a hacer algo por su cuenta para que fracase. Está alentando sus propias capacidades de autonomía, permaneciendo a su lado. Este tipo de comentarios que fomentan el pensamiento pueden ayudar a cualquier niño a explorar diferentes opciones y a sentirse alentado para resolver problemas. Usted puede utilizar estos comentarios con el fin de enseñarle a su hijo a automotivarse con sus propias ideas, objetivos y expectativas. Por tanto, evite adoptar el papel de directora o de salvadora, y déle a su hijo ese impulso suave, pero importante, que lo conduzca hacia el aprendizaje del uso de su propia vida.

MANTENGA UNA ACTITUD DE APERTURA

Como padres advertiremos rápidamente que cuando los niños optan por sus propias opciones, por sus propios objetivos, y adoptan sus propias decisiones, no siempre harán exactamente lo que nosotros quisiéramos que hicieran. Tal vez no completen un proyecto escolar de la manera en que lo haríamos nosotros. Quizá decidan destinar su asignación semanal a algo que para nosotros no tiene valor. Por tanto, a medida que enseñamos a nuestros hijos a ampliar sus propias opciones, debemos tener la actitud más abierta que nos sea posible ante las ideas "creativas" de nuestros hijos. Ellos necesitan encontrar su propias camino sin sentirse presionados a hacer las cosas a *nuestro* modo.

El siguiente es un ejemplo de cómo una pareja de padres aprendió a tener amplitud de miras y a reconocer cómo su hijo convirtió la aversión que sentía hacia las tareas físicas en una experiencia fructuosa, divertida y sumamente gratificante.

Scott participaba en la recaudación de fondos a través de su grupo de *boy-scouts*. Todos los años, su grupo recolectaba dinero para donarlo a un asilo. La mayoría de los niños de su grupo seguían las "sugerencias" que les daba su líder. Recorrían el vecindario ofreciendo sus servicios para cortar el césped y limpiar garajes. A Scott esto no le gustaba nada. Según su padre, prefería descansar a cualquier otra cosa.

Este niño conocía —y se dejaba llevar por— el verdadero significado de la palabra "ocio" y sus padres creían que, al eludir las diversas tareas, él mimo obstaculizaba sus opciones a adoptar un compromiso importante. Advirtieron también que se irritaban cuando Scott rehusaba sus sugerencias para ganar dinero. Cuanto más le "sugerían" algo parecido, Scott menos las escuchaba.

No obstante, Scott los sorprendió con una idea empresarial. Frente a la necesidad de ganar dinero y al compromiso de evitar los trabajos físicos en la medida de sus posibilidades, a Scott se le ocurrió un plan que cumplía con ambos criterios. Obtuvo permiso para colocar una mesa en el aula de su hermana menor durante la noche en que se festejaba el Día del Padre. Esa noche, los padres van a la escuela con sus hijos para apreciar los objetos manuales y otros trabajos que éstos han realizado. Scott le pidió a su madre que lo llevara a la tienda y le adelantara algo de dinero. Eligió dos sabores de helado y otros dos sabores para la cobertura, y utilizó las cucharas y tazas de plástico que había en su hogar. Esa gran noche envolvió su mercancía en una nevera portátil y se puso a trabajar: helados a un dólar y medio. Scott sabía que una vez que un niño tuviera su helado, el resto se abalanzaría sobre él, ¡porque ningún padre le niega un helado a su hijo en el Día del Padre! A Scott se le había ocurrido una gran idea para reunir dinero y divertirse al mismo tiempo, tomando helado mientras lo hacía. Empleó su capacidad para elegir una opción, formular un plan y controlar su cumplimiento, y sus padres comenzaron a apreciar las ideas ingeniosas de Scott.

Scott fue capaz de cumplir con el objetivo: simplemente, lo único que hizo fue elegir un camino diferente del esperado. ¿Qué ocurre cuando un niño no sólo toma un camino diferente, sino que obtiene un resultado que usted no esperaba? Esta es la verdadera prueba de la capacidad de los padres para tener amplitud de miras y, tal vez, colocarse en los zapatos de sus hijos. Esto se puede aplicar en especial en los casos en que la madre en cuestión es una "terapeuta" familiar que se enorgullece de fomentar la independencia y la responsabilidad, como en el ejemplo que describimos a continuación.

La Sra. F. colgó el teléfono y anunció: "Estamos todos invitados a cenar a la casa de los Zinn".

Sus dos hijas estaban contentas con la idea. Siempre se divertían en la casa de los Zinn, jugando con las hijas de la familia. Pero el hijo de la Sra. F., Seth, no compartía dicho entusiasmo. "¡Niñas! —dijo—, lo único que hay son niñas. No me gusta ir allí."

La Sra. F. intentó señalar algunos de los aspectos positivos, que, según admitió, no eran fáciles de encontrar. Pero Seth se mantuvo en sus trece; insistía en que sería una noche espantosa para él. Odiaba los "juguetes para niñas" que había en casa de los Zinn. No había nada para él. Las niñas no lo dejaban jugar con ellas, etcétera. Su madre no pudo mover ni un milímetro a Seth de su posición. Cuando creyó haber agotado todas las posibilidades, exclamó: "Vamos a ir todos. No pienso llamarlos para decirles que no iremos porque no te gusta jugar con las niñas". Y eso es todo, pensó.

Seth respondió: "¿Y qué pensarías si encuentro otra cosa para hacer?".

"Bien", dijo la Sra. F.

No obstante, no era el tipo de "Bien" que significa "Muy bien, cariño". Era el tipo de "Bien" que significa "Estoy cansada de seguir hablando de esto. No hay opciones: tú vendrás".

Diez minutos más tarde, Seth bajó las escaleras con una gran sonrisa. "Bien, ya está resuelto. Me quedaré a comer en casa de Brent y jugaré con él hasta que volváis a casa. Le expliqué toda la situación y su madre dijo que le parecía bien."

A la Sra. F. no se le había ocurrido este cambio de planes y su primer impulso fue el de decirle a Seth que no debía haberse invitado a la casa de su amigo. Pero se detuvo y lo pensó por un momento. Le había dicho que podía hacer otra cosa, aunque lo había hecho por salir del paso y, a decir verdad, nunca había visto a Seth ocuparse de algo con tanta rapidez. Realmente, estaba impresionada. Seth la pilló por sorpresa y con su ingenio la obligó a cumplir con su palabra.

Naturalmente, habrá áreas en las que usted fijará el límite e insistirá en que las cosas se hagan "a su modo". Pero nuestra intención es poner el acento en alentarlo a que esas áreas se limiten a los temas más importantes. Con los de menor importancia trate de tener amplitud de miras y disfrute viendo cómo su hijo resuelve el problema. Si no puede disfrutarlo, al menos permanezca en silencio y recuerde las metas a largo plazo que consisten en ayudar a que su hijo amplíe sus propias opciones, desarrolle algunas estrategias para resolver problemas y asuma responsabilidades respecto de cómo llevar adelante su vida.

No olvide lo siguiente

1. Cuando note que está a punto de asumir alguna responsabilidad que compete a su hijo, manténgase firme y "devuelva la pelota" a quien corresponda (a su hijo, por supuesto).

2. Siempre que sea posible, equilibre el hecho de rehusar resolver el problema de su hijo con la disposición a ayudarlo en alguna tarea sencilla y específica.

3. Evite echar las culpas y pelear. Su objetivo consiste en que su hijo lidie con el problema, y no con usted.

4. Tenga amplitud de miras, incluso cuando la solución que su hijo eligió no coincidía con la que usted hubiera elegido. Su meta a largo plazo consiste en ayudar a su hijo a desarrollar estrategias creativas para resolver problemas y dirigir su propia vida.

5. Utilice su propia combinación de las siguientes seis técnicas para "devolverle" la responsabilidad nuevamente a su hijo, aunque de forma afectuosa:

   - *Señale el objetivo.*

   - *Invierta la responsabilidad.*

   - *Ofrézcale su apoyo.*

   - *No sea una sabelotodo.*

   - *Sugiera una idea sin imponerse.*

   - *Demuéstrele confianza a su hijo.*

Consejo práctico

Trátelos como si formaran un equipo

Las relaciones entre hermanos son de gran ayuda para enseñar a sus hijos a formar un equipo y cooperar entre sí. Por tanto, en las peleas entre hermanos, en vez de separar a sus hijos o de demostrar algún tipo de favoritismo, reúnalos y aliéntelos para que sean ellos quienes resuelvan sus problemas y para que aprendan técnicas importantes de relación con los demás.

Distribuir las tareas domésticas y mantenerle en la silla de director, unido al hecho de tener una mente abierta, ayudará a su hijo a desarrollar técnicas de independencia y de autoconfianza. A medida que usted da a su hijo las responsabilidades que le competen, él aprenderá a utilizar sus propios recursos para ocuparse de una amplia gama de tareas y problemas. Ahora hemos llegado al momento de enfrentarnos al último de los desafíos y de tratar con el área más difícil, destinada a crear la autoconfianza. Como padres, ustedes ya están listos para comenzar a fomentar la independencia en las relaciones, y el mejor espacio para hacerlo son las propias relaciones entre hermanos.

No se preocupen. No les vamos a sugerir que dejen que "las cosas sigan como están". Lo que sí podemos hacer es mostrarles formas de invertir que les librarán del peso de la responsabilidad de solucionar los problemas y centrarán éstos en quienes corresponde, es decir, en sus hijos. Con la práctica y la guía de usted, los niños pueden aprender a solucionar muchas de sus diferencias sin convertir cada pelea en un combate de boxeo, colocándolos a ustedes en el papel de árbitros.

A los padres no nos gusta interferir cada vez que nuestros hijos se pelean. Entonces, ¿por qué lo hacemos? Porque actuamos de acuerdo con dos principios equivocados. En primer lugar, creemos que nuestros hijos no deberían pelearse, que deberían amarse o, por lo menos, llevarse bien. Todos esperamos que nuestros hijos aprendan a quererse, pero no existen muchas probabilidades de que siempre se lleven bien. Al igual que, como padres, tenemos el derecho de pelearnos sin intervención externa, los niños también deberían tener el derecho de ventilar sus diferencias. Nuestra tarea no es la de evitar por completo las peleas entre hermanos, sino la de reducir su frecuencia y su impacto en la vida familiar. En segundo lugar creemos que, sobre todas las cosas, debemos administrar justicia. Llegamos al campo de las batallas fraternas armados con razones, una enorme cantidad de soluciones y, con frecuencia y sobre todo, el compromiso de ser justos.

Precisamente, ese compromiso por ser justa hizo que una madre, la Sra. V., se mantuviera en su papel mientras dejaba que sus hijos resolvieran el problema de sus peleas, demasiado frecuentes, por cierto.

De alguna manera, todos los intentos de la Sra. V. por crear un clima de paz y bienestar no funcionaban. Tan pronto como terminaba una disputa, comenzaba otra. Y no es que a ella le gustara adoptar el papel de conciliadora, sino todo lo contrario, pero no sabía qué otra cosa hacer. Cuando sus niños daban ese famoso grito de guerra "¡No es justo!", como muchos padres la Sra. V. consideraba que ése era el momento para que ella entrara en escena. La Sra. V. relató una de esas situaciones a un grupo de padres. A medida que describía la escena, los padres que estaban en la sala asentían, como si dijeran: "Eso es exactamente lo que sucede en mi casa". Comprueben si el siguiente diálogo les resulta familiar:

Alex: Johnny me quitó las piezas que yo necesitaba para terminar mi construcción.

Johnny: No es justo. El tiene más que yo y yo empecé a jugar primero con las piezas.

Sra. V. (dirigiéndose a Alex): ¿Es cierto eso? ¿Johnny estaba jugando con ellas antes que tú?

Alex: No; comenzamos al mismo tiempo y además Johnny me pellizcó en el brazo cuando yo iba a coger más piezas. Mira qué rojo lo tengo.

JOHNNY: No, yo no se lo he hecho.

SRA. V.: Estoy segura de que no quiso hacerte daño. Está enfadado porque quiere construir algo tan bonito como lo que tú construiste. Johnny, sabes bien que no debes pellizcar. Si estás enfadado, dilo con palabras.

JOHNNY: El me empujó primero y me hizo caer, y me hice daño.

Ahora, en honor a la verdad, ¿qué intentaba hacer la Sra. V.? Como cualquier buen juez, trataba de reunir todos los hechos y averiguar qué ocurrió en realidad.

"¿Es cierto eso? ¿Johnny estaba jugando con ellas antes que tú?"

Evidentemente, cada niño estaba más que dispuesto a cooperar y a contar tantos "hechos" como pudiera para demostrarle cuán equivocado estaba el otro.

Ella también intentó señalar los puntos positivos del instigador, para que el niño que estaba enfadado cambiara de parecer.

"Estoy segura de que no quiso hacerte daño. Está enfadado porque quiere construir algo tan bonito como lo que tú construiste."

Si bien estos intentos podrían funcionar a corto plazo, a la larga no ocurre lo mismo. En vez de enseñarle a un niño cómo cooperar con su hermano y resolver juntos el problema, este tipo de comentarios le enseñan a depender de otra persona para que actúe como árbitro, salvador y desfacedor de entuertos. Además, lo conducen a sentirse mejor a expensas de su hermano, mientras proclama su inocencia y destaca el mal comportamiento de aquél. En vez de incentivar la cooperación, estos intentos promueven la competencia.

¿Qué pueden hacer los padres cuando desean intervenir? En vez de inquirir, razonar, racionalizar o minimizar, pueden tratarlos como si formaran un equipo.

La técnica de tratarlos como si formaran un equipo pone de manifiesto la noción de responsabilidad mutua y reduce la posibilidad de mostrar favoritismos o de proclamar cuál de los hermanos es bueno y cuál malo. Es una técnica que trata a los niños por igual, para que comiencen a respetarse como semejantes. ¿Significa esto que ustedes tendrán que atravesar la etapa de la paternidad midiendo cada galleta, cada regalo, cada segundo de tiempo libre? Absolutamente no. No confundan el concepto de tratar a sus hijos como un equipo con la noción de tratarlos siempre de forma equitativa. Cada niño tiene diversas necesidades y en momentos diferentes, y es una tarea de los padres abordar dichas necesidades diferentes sin dividir el mundo en partes iguales para cada niño. Los niños merecen y necesitan una atención especial e individual. En situaciones diferentes requerirán diversas cantidades de tiempo, de ayuda, de atención, etcétera. Como padres, debemos recordar que nuestra tarea no consiste en preocuparnos por aquello que es equitativo o justo, sino proveer a los niños de aquello que necesitan. La técnica de tratarlos como si fueran un equipo no deja de lado las necesidades individuales. Es una técnica que los padres pueden utilizar para ayudarlos a evitar echar culpas, a tomar partido o a jugar a ser los jueces durante las peleas entre hermanos.

¿Qué sucede cuando un niño es el instigador y el otro es inocente? De momento, en vez de centrarse en los detalles específicos de la pelea entre hermanos, nos gustaría que ustedes consideraran el asunto desde cierta distancia. El objetivo a largo plazo no debiera ser descubrir quién hizo qué, sino enseñarles a sus hijos dos lecciones importantes. La primera, que no siempre habrá alguien para actuar de juez en las peleas y, la segunda, que son personas capaces y por tanto pueden solucionar por su cuenta muchos de sus desacuerdos.

Entonces, traten de dejar de lado sus preocupaciones y comiencen a reemplazar su papel de juez por la creación de un proceso que trate a sus hijos como si formaran un equipo. Las cinco técnicas que se describen a continuación les ayudarán a evitar tomar partido y a alentar gradualmente la independencia y la autoconfianza en sus relaciones entre sus hijos.

Si ustedes son como la mayoría de los padres, no pueden ni deben alejarse por completo de las peleas entre hermanos. Los niños necesitan cierta guía razonable, particularmente cuando son pequeños. Con esto bien asimilado, veamos cómo la Sra. V. podría haber tratado a sus pequeños arquitectos de manera diferente. En vez de embarcarse en sermoneos interminables que ni siquiera son escuchados, podría haber ofrecido una guía que hubiera resuelto el problema. Por ejemplo, podría haber usado un reloj para que cada niño jugara quince minutos con las piezas por turno.

Esta idea no es nueva, pero en vez de centrarnos en ella queremos hacerlo en cómo la Sra. V. la podría haber puesto en práctica sin necesidad de comentarios como "Johnny, no jugarás con las piezas hasta que termine el tiempo correspondiente a tu hermano" y "Alex, no lo molestes ni lo provoques".

La Sra. V. podría haber presentado esta idea de tal manera que evitara caer en su papel familiar de juez. En vez de intentar dividir y reinar, podría haber empleado esta sencilla técnica:

Reúna y dirija al equipo

"Podéis jugar por turnos."

Luego, podría haber puesto en práctica su guía de tal forma que ella se hubiera mantenido alejada del papel de juez en busca de la verdad, empleando una técnica que ya mencionamos anteriormente:

Destaque su propia acción

"Colocaré la alarma del reloj para que suene cada quince minutos."
(Adviertan que es el reloj, y no la madre, el que le señalará a los niños a quién le corresponde jugar.)

Estos comentarios sencillos unen a los niños y los hacen trabajar en conjunto. En vez de ser usted quien actúa como amortiguador entre los niños, o de aliarse con uno a expensas del otro, dichos comentarios hermanan a los niños entre sí y les ofrecen la oportunidad de cooperar. Usted no está insistiendo en que los niños no tendrían que haber comenzado a pelearse. De hecho, está reconociendo que tienen un problema legítimo. Sencillamente, usted se niega a tomar partido.

La pauta, en este caso la alarma del reloj, no sólo termina con la disputa, sino que le confiere ideas a los niños que éstos podrán utilizar cuando comiencen su propia negociación. Esta técnica ofrece una componenda para los niños más pequeños. Si, como en el caso de la Sra. V., lo de la alarma no funciona porque los dos quieren ser los primeros en jugar, siempre podrán retirar el

juguete hasta que los niños estén dispuestos a cooperar. El punto crítico reside en que en cualquiera de los casos ustedes están poniendo en práctica una pauta que ambos niños deberán seguir, y lo están haciendo sin señalar a ninguno de ellos con el dedo.

2. AYUDENLOS A COMPRENDERSE POR MEDIO DE CONVERSACIONES

Otra forma de intervenir y seguir tratándolos como si formaran un equipo es el de ayudarlos a comprenderse por medio de conversaciones. Este tipo de charlas son necesarias cuando ustedes creen que se debe terminar una disputa amigablemente y sus hijos no lo están haciendo por su propia cuenta. En ese momento es cuando ustedes deberían entrar en escena, pero, en vez de ser ustedes quienes resuelven el problema, sus hijos pueden realizar parte de la negociación.

No obstante, algunos niños demuestran muy poca cooperación, como ocurrió con una de nuestras pacientes, la Sra. D. Había estado trabajando a fondo para cambiar la forma en que conducía las frecuentes peleas de sus hijos. En el momento en que creía estar a sus anchas en su casa, sus hijos le presentaban un dilema bastante desafiante, pero ella los sorprendía con una idea única.

Hacía tres días que los hijos de la Sra. D. no se hablaban porque el más pequeño había cogido los globos de agua de su hermano mayor. En principio, la Sra. D. tenía intenciones de mantenerse al margen de la pelea y dejar que los niños la resolvieran. Pero ellos no mostraban ningún tipo de interés por hacerlo. Por lo tanto, después de la cena, acorraló a sus niños en la mesa de la cocina y afirmó:

"Tenéis *que sentaros a la mesa y resolver esta pelea*".
(Reunir al equipo y dirigirlo.)

Luego dijo:

"Me quedaré aquí sentada hasta que la resolváis". (Destaque su propia acción.)

Se negó por completo a dejar que los niños se retiraran del lugar hasta que dieran con una solución. Si bien ella estaba presente para moderar la charla, insistió en que los niños la resolvieran por sí solos, y así ocurrió. Decidieron que el hermano más pequeño debía comprar un nuevo paquete de globos con su asignación semanal, y así le devolvería a su hermano mayor la cantidad exacta de globos que había cogido "prestada". Y el resto le pertenecería a él.

La desesperación llevó a otro padre, el Sr. N., a lograr una solución en la mesa de negociaciones a un problema de más larga duración. Se estaba volviendo loco por una guerra de chismorreos en la que participaban sus dos hijas.

Por la noche, desde el momento que atravesaba la puerta de casa, lo bombardeaban con comentarios como:

"Papá, Jennifer no ha ordenado su cuarto y tenía que hacerlo".
"Amy cogió mis lápices de colores y no me los devolvió".

Un día, cuando estaba seguro de que no aguantaría ni una palabra más y sus hijas ya se disponían a darle el informe diario, el Sr. N. puso en práctica un plan que había formulado para reducir al mínimo las batallas cotidianas.

Les dijo a sus hijas:

"A partir de ahora, las dos vais a escribir vuestras quejas y me las entregaréis el domingo, después del desayuno, cuando todos podamos prestarles la atención que merecen". (Reúna al equipo y diríjalo.)
"No voy a tratar estos temas hasta el domingo, cuando tendré tiempo suficiente para escucharlos". (Destaque su propia acción.)

Funcionó como un hechizo. Cuando llegaba el domingo, las niñas habían olvidado las quejas "efímeras" que sólo servían para poner en problemas a la otra hermana y escribían las cosas que les afectaban de forma directa. Estos eran los temas que valía la pena tratar. Y lo más importante de todo es que no era papá quien resolvía los problemas, sino los tres juntos. Si bien el chismorreo no se acabó por completo, se redujo bastante y el padre regresaba a un hogar menos caótico.

Por medio de la organización de conversaciones frecuentes para tratar los chismorreos de sus hijas, el Sr. N. logró tres cosas:

1. Les hizo llegar este mensaje a sus hijas: tenéis ideas que valen la pena, vuestras ideas son importantes para mí.
2. Estableció un proceso que ayudó a sus hijas a seleccionar sus quejas y a elegir cuáles eran las más importantes.
3. Y lo más destacable, evitó que tomara partido o asumiera el problema como suyo. Ayudó a sus niñas a aprender cómo resolver su relación.

El siguiente es un buen ejemplo del ingenio de una madre para establecer charlas en las que se alcance un acuerdo. A la Sra. S. se le ocurrió la eficaz idea de golpear a sus hijos donde más les doliera: en sus bolsillos. Acordó juzgar sus reyertas, pero les explicó que por actuar como árbitro les cobraría una pequeña cantidad a cada uno. Así, esta madre logró lo imposible. Hizo que sus hijos se reunieran y acordaran que tal vez la participación de mamá no fuera tan necesaria. Fue increíble ver lo rápido que sus tres hijos aprendieron que podían resolver sus problemas hablando, incluso sin la presencia de su madre.

3. SEPÁRELOS SIN ECHAR LA CULPA A NADIE

En ocasiones no queda otra solución: usted debe inmiscuirse en el caso y a fondo. Hay que separar a los niños. En vez de enviar al supuesto niño "malo" a su habitación, un padre puede separar a sus hijos diciendo:

"Vosotros dos iréis diez minutos a vuestras habitaciones para que dejéis de pelear". (Reúna al equipo y diríjalo.)

Si los niños comparten la habitación, envíe uno a la cocina y al otro al comedor. No se detenga a pensar quién fue el culpable. En la gran mayoría de los casos, cada uno hizo lo suyo.

Los padres de bebés o de niños que comienzan a caminar deben de estar pensando: "¿Y qué sucede en los casos en que las peleas entre hermanos transcurren entre un hermano mayor y un bebé que todavía no razona?".

Nuestro consejo es establecer la regla incluyendo al bebé como parte del equipo. En vez de participar en la pelea tomando automáticamente al más pequeño entre los brazos y retando al otro niño, puede hablar con ambos:

"Ahora vosotros dos deberéis ponerle fin a esto o tendré que separaros". (Reúna al equipo y diríjalo.)

Seguramente su hijo mayor comprenderá que "cooperación" es el nombre del juego, y el más pequeño lo aprenderá muy pronto.

Si la pelea se hace más violenta y deben separarlos, podrán llevar al bebé a su cuarto y hablarle de la misma forma como lo harían con el niño mayor:

"Vosotros dos no os estáis portando bien, así que te quedarás diez minutos en tu habitación". (Reúna al equipo y diríjalo.)

El asunto no cambia demasiado si el niño más pequeño apenas lo comprende. Su hijo mayor sí lo hace. El verá que usted no hace favoritismos. Además, evitarán caer en la trampa de colocar a los padres y al bebé en contra del hermano malo, el mayor.

4. SEA BREVE Y CONCISO

Hasta el momento les hemos presentado formas de intervención que les evitan ocupar el ingrato puesto de árbitro permanente. Créanlo o no, habrá momentos en los que no tendrán que hacer nada, momentos en que su tarea, la única, será mantenerse al margen. Puesto que para sus hijos es preferible que ustedes participen, los invitarán a tomar parte en sus peleas por medio de palabras, quejas, descripciones detalladas de las injusticias a las que han sido sometidos, etcétera. Si ustedes creen que deben acoger las quejas de sus niños, pero no desean convertirlas en una forma de vida, todavía quedan esperanzas.

Pueden decidir si deben o no hacerlo, pero cuando lo hagan, empleen la siguiente técnica:

Sea breve y conciso

Existen varias palabras en español que las personas utilizan poco, pero que constituyen comentarios perfectos para los padres que desean admitir las quejas de sus hijos sin tener que declamar "No quiero intervenir". Estos términos incluyen: "¡Ah!", "¿En serio?", "¡Ajá!", "Entiendo". Estas palabras breves y sencillas pueden convertirse en verdaderos salvavidas. Funcionan así:

NIÑO: Jennifer me quiso empujar.
PADRE: ¡Ah!
NIÑO: ¡Odio a mi hermano!
PADRE: Ajá. (Sea breve y conciso.)

Incluso frente a la queja:

"Mira mi dedo. Estoy seguro de que necesito una venda por lo que Amy me ha hecho."

La madre puede colocarle un vendaje, a la vez que reconoce la casi invisible herida con el comentario:

"Ya veo." (Sea breve y conciso.)

No se limite a emplear esta técnica con los hermanos. Se trata de una buena manera para evitar verse envuelto en peleas entre dos personas, incluyendo a su cónyuge y a su hijo.

109

Niño: Papá es malo. No me deja usar las herramientas.

Mamá: Ah. (Sea breve y concisa.)

Niño: Mamá nunca me deja acostarme tarde como mis amigos.

Papá: ¿En serio? (Sea breve y conciso.)

Como podrán ver a partir de estos ejemplos, por ser concisos no están ignorando al ser que se queja; simplemente, no están aceptando la invitación a intervenir. Ante cualquier situación, esta posición le hará llegar el siguiente mensaje a sus hijos: "Esto lo debéis resolver vosotros dos".

5. REUBIQUESE, REUBIQUELOS

La última manera de evitar la participación en las peleas de sus hijos es, sencillamente, irse a otro lugar. Un momento ideal para hacerlo es cuando percibe que comienzan los altercados "triviales".

"Mi colección de automóviles es mejor que la tuya." "Tienes tres dulces más que yo." "Estás respirando encima de mí." Esas son pautas a tener en cuenta para huir del ámbito de audición. Si usted se retira de esas proximidades, evitará sentir la necesidad de tomar partido y se mantendrá alejado del ruido y con cierta tranquilidad. Si sus hijos están acostumbrados a que ustedes participen, tal vez encuentre un escondite agradable y silencioso en su hogar, donde no puedan encontrarlos con tanta facilidad.

La Sra. P. descubrió que la bañera era el lugar perfecto. Cada vez que asistía al comienzo de una pelea que seguía con un ¡Mamá!, silenciosamente se retiraba a su lugar secreto. Por desgracia, un día la descubrieron sentada en la bañera, completamente vestida, leyendo un libro.

Algunos padres no son lo bastante ágiles como para cambiar de sitio. Sus hijos corren tras ellos, adhiriéndose como si fuesen su cola. Si su caso es éste, o si le resulta muy poco conveniente trasladarse, por la razón que fuera, puede reubicar a sus hijos. Pero asegúrese de hacerlo de modo que los trate como a un equipo.

"Vosotros dos *deberéis terminar la pelea en el sótano o fuera de la casa." (Reúna al equipo y diríjalo.)*

Si le parece mejor, refuerce el mensaje diciendo:

"Estoy intentando leer y estáis haciendo demasiado ruido". (Destaque su propia acción.)

Esta técnica debería mostrar firme y claramente que ustedes están ocupados haciendo sus cosas y que no tienen intenciones de participar en las peleas de ellos.
Cuando

• los guían con pautas,
• establecen conversaciones para dar por finalizada la pelea,
• separan a los niños sin echar la culpa a nadie,
• son breves y concisos,
• se separan o los separan,

están enseñando gradualmente a sus hijos a confiar en sí mismos y a cooperar. Esta capacidad para resolver conflictos les proporciona a los niños la habilidad y la confianza que necesitan, no sólo en el hogar con sus hermanos, sino también con sus compañeros y con otras relaciones que puedan establecer en el futuro.

Estas lecciones son importantes para toda familia, pero lo son particularmente en las familias en las que hay un niño perpetuamente "bueno" e inocente y un niño "malo" que siempre provoca las peleas. Lo último que ustedes desean hacer como padres es apoyar estos roles, y eso es lo que hacen cuando intervienen constantemente y castigan al niño malo o salvan al bueno. No le hacen ningún favor al niño inocente al enseñarle que necesita depender de los demás para que lo rescaten. Del mismo modo, no le hacen ningún favor al niño "malo" reforzando y respondiendo a su comportamiento.

La ventaja que depara tratar a sus hijos como si formaran un equipo puede observarse también en el encasillamiento que se hace de ellos: el niño mayor responsable, el bebé mimado, el mandón, el niño callado por el cual hablan los adultos, etcétera. Sin saberlo, es sencillo caer en la rutina de esperar que siempre ceda el mayor, de hacer callar al bebé que grita, de rescatar a la pequeña "inocente" y de hablar siempre por boca del niño tímido. Y no son sólo los padres los que abusan de estos hábitos. Los niños también lo hacen. Ellos se acostumbran a sus papeles y actúan según esa pauta no sólo dentro del ámbito familiar, sino con otras relaciones. Al tratar a sus hijos como si formaran un equipo, los están ayudando a evitar que se limiten a cualquiera de estos papeles encasillados, a la vez que les ofrece la capacidad y la confianza que necesitan para generar relaciones sanas y equilibradas a lo largo de toda su vida.

No olvide lo siguiente

1. Intentar saber cómo fueron las cosas en realidad y jugar a ser juez durante las peleas entre hermanos puede fomentar la competencia entre ellos, en lugar de la cooperación.

2. Recuerde cuál es el objetivo a largo plazo y podrá evitar encasillar a su hijo en un único papel.

3. Emplee los siguientes métodos para solventar eficazmente las peleas entre hermanos:

   * *Guíelos con pautas.*

   * *Establezca conversaciones para dar fin a las peleas.*

   * *Sepárelos sin echar la culpa a nadie.*

   * *Sea breve y conciso.*

   * *Reubíquese, reubíquelos.*

4. Utilice las siguientes técnicas de comunicación para tratar a sus hijos como si formaran un equipo:

   * *Reúna al equipo y diríjalo.*

   * *Destaque su propia acción.*

   * *Sea breve y conciso.*

III

NEUTRALICE LAS LUCHAS POR EL PODER

Hasta ahora nos hemos concentrado en cómo lograr ese delicado equilibrio entre limitar una estructura y fomentar la independencia ofreciéndole al niño mayores responsabilidades. Con ello, ¿creen ustedes estar preparados para recorrer el camino de la paternidad? Por supuesto que no.

Probablemente habrán tratado de soslayar las luchas por el poder, al organizar la estructura que reduce la posibilidad de caos, impulsa la oportunidad de sus hijos de ser independientes y limita al mínimo su propia participación innecesaria. No obstante, en su familia aún seguirán experimentando luchas por el poder capaces de poner los pelos de punta a más de uno. Pero, ¿acaso se pueden evitar por completo? No, siempre habrá conflictos en todos los hogares, y es necesario que los haya, puesto que un tanto por ciento determinado de conflicto es necesario y sano. El conflicto puede considerarse un vehículo ventajoso para crear nuevas reglas, generar independencia y mejorar las relaciones y la resolución de problemas.

Sin embargo, gran cantidad de altercados familiares no tienen ningún provecho. Por lo general son confrontaciones enloquecedoras, que consumen tiempo y no conducen a ningún lado. Lo triste a este respecto es que no importa cuán conscientes sean ustedes como padres, ni cuán comprensivo sea su hijo, ya que ustedes y él se encontrarán, en algún momento, participando en luchas por el poder que pueden oscilar desde ser tan sólo molestas hasta llegar a volverse explosivas. Esas luchas son el resultado del camino que todo niño debe seguir hacia su independencia. La parte buena del asunto es que las luchas por el poder pueden volverse menos frecuentes y menos intensas si se utilizan las cuatro técnicas siguientes:

- Mejore el conflicto, no lo empeore.
- Utilice el movimiento, no la emoción.
- Corrija por medio de una conexión.
- Manténgase firme ante las consecuencias.

Estas técnicas restringirán las luchas demasiado frecuentes que se plantean con sus hijos.

Consejo práctico

Mejore el conflicto, no lo empeore

Manténgase alejado de las peleas innecesarias mediante el sistema de permanecer en silencio o de dar respuestas breves o humorísticas.

Si prescinde de sus propias maniobras defensivas, sus hijos no tendrán necesidad de emplear las suyas.

Lo que generalmente conduce a los padres al campo de batalla son sus propias maniobras defensivas, como explicar con demasiado detalle sus puntos de vista, justificar sus sentimientos o recurrir a los gritos, que siempre están muy al alcance de la mano.

En vez de emplear estos métodos, que con frecuencia recrudecen las peleas, pueden acogerse a una técnica que neutraliza los altercados —de modo que esas pequeñas discusiones no se conviertan en grandes batallas— y reducen al mínimo la frecuencia y la intensidad de las peleas que son inevitables.

Cuando nuestros hijos eran muy pequeños, la manera más sencilla de evitar una pelea o berrinche era cambiar su foco de atención, hacer que se entretuvieran con otra cosa. Todos lo hemos hecho y nos hemos sentido aliviados al evitar la posible pelea. No obstante, al cabo de muy poco tiempo, esto se convierte en algo del pasado. Nuestros hijos han crecido y se han vuelto más listos, y el método anterior ya no surte efecto.

Por lo tanto, ahora debemos dar el siguiente paso: intentamos apelar a su razonamiento y a su lógica. En algunas ocasiones prevalece la razón y se evitan las luchas por el poder. Sin embargo, con demasiada frecuencia, la lógica de nuestros hijos y la nuestra propia son poco menos que incompatibles. Ese es el momento en el que se pueden producir las peleas. En esas ocasiones, pueden ustedes recurrir a las seis técnicas siguientes para menguar el conflicto, en vez de empeorarlo.

1. EL SILENCIO ES ORO

Lo primero que les ayudará a limitar al mínimo los desacuerdos entre ustedes y sus hijos es recordar la primera línea de defensa: "El silencio es oro".

Como padres, nos cuesta asimilar esta noción. Creemos que cuando un niño dice algo, está buscando implícitamente una respuesta. Y por supuesto le correspondemos, pensando que la comunicación con nuestro hijo es algo importante. Pero existe un enfoque que puede parecerle nuevo: no es necesario que responda usted a cada comentario que sale de la boca de su hijo. A veces, la manera más eficaz de comunicación es mantenerse en silencio. Hay ocasiones en que lo correcto es que su hijo tenga la primera, la última y la única palabra.

Esto se aplica particularmente en casos en que los niños "anuncian" algo que suena como una queja, quizá comentarios en que ellos culpan injustamente a algo o a alguien. Por lo general, los padres responden a estos comentarios con sugerencias, aclaraciones o simplemente estando en desacuerdo. Pero estas respuestas aparentemente inocentes cuentan con el potencial de iniciar una lucha por el poder, puesto que instan inadvertidamente al niño a defender su posición aún con más fuerza. Los siguientes son dos ejemplos de lo mencionado:

Niño: A estos lápices se les rompió la mina tan pronto empecé a pintar. Los odio. No los usaré nunca más.

Padre: Pero si acabo de comprártelos... No aprietes tanto al dibujar y las minas durarán más.

Niño: Yo no aprieto al escribir; son los lápices. Son malísimos. ¿Por qué los compraste?

Niño: ¡Esa maestra suplente ha sido injusta! ¡No puedo creer que no nos haya dejado salir al recreo!

Padre: Deberías tratar de entender su punto de vista. Hacía mucho frío afuera. A mí no me gustaría estar afuera y congelarme durante treinta minutos.

Niño: Bueno, la maestra titular lo hace. ¿Por qué tenemos que quedarnos sin nuestra diversión?

Antes de advertirlo, usted se encontrará defendiendo la bienintencionada acción de esa maestra suplente y su hijo estará defendiendo su posición. En estos casos, en vez de dar su opinión, simplemente escuche. Demuéstrele que le está prestando atención, pero no se sienta obligado a realizar un comentario, si no es necesario. Recuerde: por lo general, el silencio es una valiosa técnica de comunicación. No sólo evita crear una brecha defensiva entre su hijo y usted, sino que le hace llegar a él un mensaje poderoso:

"Tienes derecho a quejarte, y estoy dispuesto a escuchar sin juzgar".

El silencio es la forma de reconocer el problema de su hijo sin entrar a formar parte de él. Usted no está siendo hostil ni lo está rechazando. Al mismo tiempo, no se está colocando en el lugar donde su hijo volcará su enfado. Se crea o no, la mayoría de las veces los niños dicen cosas para desahogarse y en realidad no esperan que usted haga nada.

2. SEA BREVE Y CONCISO

Ahora bien, para aquellos de ustedes que sienten que tienen que decir algo con objeto de mostrarle reconocimiento a su hijo, y para los que le han enseñado a su hijo a esperar una respuesta frente a cada comentario, utilicen la misma técnica y métodos que emplearon en "Trátelos como si formaran un equipo". Sean breves. Recuerden: usen esas poco estimadas palabras, a veces tan fáciles de olvidar, como: "Ah", "Ajá", "Entiendo", "¿En serio?", esos breves salvavidas que los mantendrán alejados de la pelea. Observemos dos ejemplos:

Niño: Mamá, estoy muy enfadado. No hay más galletas en la lata. Siempre me quedan menos galletas que al resto de la familia.
Madre: Ajá. (Sea breve y concisa.)

121

Niño: Nunca vienes a buscarme al colegio. No me gusta tener que coger el autobús escolar.

Padre: Ah. (Sea breve y conciso.)

Estas palabras, que no suelen tenerse en cuenta, son tan versátiles como breves. Pueden utilizarse de muchas maneras. El secreto está en el tono de voz que se emplee y en cómo se colocan los signos de puntuación.

Si usted añade un punto, tal vez quiera significar: "Aquí se termina la discusión"; con un signo de admiración: "Lo que has dicho me ha impresionado"; o con un signo de interrogación: "En realidad me gustaría saber algo más respecto a eso".

Cuando empleen las técnicas "El silencio es oro" y "Sea breve y conciso", podrán:

• poner fin a una pelea antes de que ésta comience
• hacerle saber a su hijo que lo han escuchado
• evitar mantenerse a la defensiva
• evitar enredarse en un tema que no tienen intenciones de resolver

Acabamos de proporcionarles dos maneras sencillas de neutralizar las posibles peleas, básicamente haciendo que éstas terminen antes de comenzar. No obstante, habrá muchas ocasiones en las que desearán opinar acerca de las quejas o de las necesidades de su hijo, ocasiones en las que necesitarán responder o dar su opinión, una opinión que tal vez su hijo no quiera oír. Cuando ustedes deban ser portadores de malas noticias, pueden transmitirlas de forma que se limite la posibilidad de terminar una pelea y que incluso los haga salir triunfantes de la conversación. Esto es posible si primero dicen "sí".

Es increíble con cuánta frecuencia los padres emplean la palabra "no" en el transcurso del día.

NIÑO: ¿Me puedes llevar a casa de Sam?
PADRE: No, no quiero conducir bajo esta lluvia.

NIÑO: ¿Puedo comer una galleta?
MADRE: No, falta poco para la cena.

NIÑO: ¿Me puedes dar dinero?
PADRE: No, ya te di tu paga semanal.

Poco importa que a ese "no" le siga una explicación razonable, porque su hijo estará demasiado ocupado discutiendo. El "no" ha sido todo lo que ha oído. Está empleando toda su energía para convertir ese "no" en un "sí". Nunca le sugeriríamos a usted que cediera; no quisiéramos ser blanco de su ataque de ira; pero lo que sí le aconsejamos es que sea usted quien convierta ese "no" en un "sí", aunque manteniendo su postura.

Primero diga sí

En vez de comenzar una frase con esa palabra tan provocativa que es "no", iníciela con un término que le brinde la oportunidad de ser escuchado: "sí". A continuación, mantenga su posición de manera positiva.

- En vez de explicarle a su hijo por qué no puede ir a casa de Sam, dígale cuándo podrá ir.
- En vez de explicarle por qué no puede comer una galleta, dígale cuándo podrá hacerlo.
- En lugar de explicarle por qué no puede darle más dinero, dígale cuándo se lo dará.

Por ejemplo:

NIÑO: ¿Puedes llevarme a casa de Sam?
PADRE: Sí, tan pronto como deje de llover. (Primero diga sí.)

NIÑO: ¿Puedo comer una galleta?
MADRE: Sí, cuando terminemos de cenar. (Primero diga sí.)

NIÑO: ¿Puedes darme dinero?
PADRE: Sí, dentro de tres días recibirás tu asignación semanal. (Primero diga sí.)

Su hijo será más atento y existirán muchas menos probabilidades de que su comentario, "como de pasada", degenere en una batalla defensiva si lo aborda con un sí, en vez de con un no.

4. ESTE DE ACUERDO, NO DISCUTA

A veces, decir sí no es suficiente. Puede que se esté tratando un tema más complejo, con una mayor carga emocional, que requiera de usted algo más que un simple comentario. Es posible que deba usted dar alguna mala noticia y luego trate de aliviar el dolor o el enfado de su hijo. En esos casos, debe tener sumo cuidado en que los intentos por ayudarlo o aliviarlo no acaben en malentendidos y en conflictos que nunca pensó que podrían darse.

La siguiente es la historia de un padre, el Sr. L., que tuvo que cancelar la fiesta de cumpleaños de su hija. Antes de saber qué le esperaba ya estaba entrando en el campo de batalla, cuando en realidad su intención era la de aliviar los sentimientos de desilusión de su hija.

Como todos los niños, Tiffany contaba los días que faltaban para su fiesta de cumpleaños. Estaba muy excitada y el padre se sentía orgulloso por encargarse de todo. ¿Qué les parece que ocurrió? El día de la fiesta hubo una gran tormenta de nieve y se tuvo que cancelar la celebración. El Sr. L. se sentía mal por su hija y por él mismo, porque había tenido que suspenderla. En sus esfuerzos por ayudar a Tiffany a que superara su desilusión, trató de encontrar el lado positivo, lo cual no era tarea fácil. En vez de calmar a Ti-ffany, inconscientemente originó una pelea. Veamos qué ocurrió:

TIFFANY: Papá, mira cuánta nieve cae.

SR. L.: Ya veo, y me temo que tendremos que cancelar la fiesta. Nadie podrá venir debido a la nieve.

TIFFANY: ¿Por qué? Yo quiero que hagamos la fiesta.

SR. L.: Si la hicieras hoy, no sería divertida. La celebraremos la semana próxima y será mucho mejor. Haremos algo especial.

TIFFANY: No quiero algo especial. Quiero que la fiesta se celebre hoy.

SR. L.: Pero no podemos. Es imposible.

TIFFANY: No es imposible. Tú haces que sea imposible porque la estás suspendiendo.

SR. L.: Yo no mando en el clima.

TIFFANY: Nunca he dicho que lo hicieras.

A estas alturas, el Sr. L. se sentía cada vez menos compasivo. Y también confundido, por el hecho de haberse enredado en una discusión y un poco culpable por no encontrar el modo de calmar a su hija. Pero a Tiffany le iba muy bien en su tarea de conducirlo de la culpa a la ira. ¿Cómo podía ser que sin haberse dado cuenta este bien intencionado padre se hubiera trasladado mágicamente al sector opuesto, cuando su intención era la de demostrarle a su hija que él estaba de su lado, que sólo trataba de mejorar una situación auténticamente desdichada?

Hay ocasiones en que su hijo no espera que usted mejore la situación, sino que esté de acuerdo con él. Cuando perciba que está a punto de producirse este tipo de discusión, deje de tratar de resolver el problema.

Si su hijo está acostumbrado a oírlo razonar, sugerir y, en cualquier caso, intervenir, verá usted su mirada de sorpresa cuando se ponga de su lado y se queje junto a él.

Esto es lo que podría haber sucedido si el Sr. L. hubiera empleado dicha técnica:

Esté de acuerdo, no discuta

TIFFANY: Papá, mira cuánta nieve cae.

SR. L.: *Es cierto*. No puedo creer que este espantoso tiempo haya coincidido con tu cumpleaños. Me siento muy mal por ello. Lo había planeado todo a la perfección para el día de hoy, y ahora no podrá ser. Deberemos posponer la fiesta. (Esté de acuerdo, no discuta.)

TIFFANY: ¿A qué te refieres con posponerla? ¡No puedo creerlo! ¡Es tan injusto?

SR. L.: *Eso mismo estaba pensando:* ¡es injusto! (Esté de acuerdo, no discuta.)

TIFFANY: ¡Estoy tan furiosa! Toda la semana esperando que llegara el día de hoy y...

SR. L.: *Sé a qué te refieres*. Toda la semana he intentado tenerlo todo preparado. No puedo creer que esto haya ocurrido, y ahora tendremos que esperar hasta la próxima semana. (Esté de acuerdo, no discuta.)

TIFFANY: Es espantoso.

SR. L.: *Tienes toda la razón*. (Esté de acuerdo, no discuta.)

Como pueden ver, el Sr. L. se está quejando junto con su hija. Tal como se ilustra en el ejemplo, el truco consiste en comenzar el comentario con frases que les permitan estar de acuerdo, en lugar de discutir.

"Es cierto."
"Eso mismo estaba pensando."
"Sé a qué te refieres."
"Tienes toda la razón."

Más tarde, demuestren la misma frustración o desilusión que probablemente esté sintiendo su hijo. *Al traducir en palabras su propia frustración, pueden demostrar compasión por su hijo en vez de tratar de convencerlo. Hasta pueden llegar a adoptar literalmente el papel del niño* y expresar la injusticia de la situación mejor que él.

Además de evitar una discusión, esta técnica le enseña a su hijo una lección muy importante: no es necesario que busque un culpable cuando las cosas no funcionan como uno espera que lo hagan. A veces se producen situaciones desagradables, *y en vez de desahogar su rabia contra alguien, puede hacerlo junto a alguien.* Esta es una lección difícil de asimilar, no sólo para los niños sino también para los adultos.

"Esté de acuerdo, no discuta" no se limita a situaciones en las que usted desearía poder resolver un problema de su hijo. También pueden utilizar esta técnica para demostrarle que comprende su posición, si bien no puede darle una solución inmediata para el problema. El ejemplo siguiente ilustra nuestra posición.

Patty se estaba quejando de que no deseaba utilizar su asignación semanal en gastos extras como dulces o ir al cine con sus amigos. Quería que su madre, la Sra. K., le diera un dinero adicional para este tipo de cosas, aunque su paga debía cubrirlas. Cuando se quejaba, su madre decía simplemente: "De ninguna manera. *Sabes que no puedes tener una asignación semanal y no pagar nada con ella".*

No obstante, un día esa madre, para su propia sorpresa, respondió espontáneamente: "Sé bien a qué te refieres. Yo también odio gastar mi dinero en cosas como ésas".

La Sra. K. pudo comprender el problema de su hija sin sentirse obligada a ofrecerle una solución, ni a estar dispuesta a resolvérselo.

Cuando le preguntamos a la Sra. K. por qué respondió de este modo en vez de hacerlo con su sermoneo habitual, nos contestó que no se sintió atacada en lo personal por el comentario de Patty. No le pareció que ella quisiera decir: "Tú tienes la culpa de mi problema, así que arréglalo". No lo sintió como una exigencia. Simplemente lo tomó como un comentario.

Como demuestra este ejemplo, la clave consiste en la capacidad para evitar personalizar la queja del niño. Si no consideran ustedes las quejas de su hijo como acusaciones que los señalan como los malos de la película, es mucho menos probable que él defienda su posición hasta llegar a una discusión. Así, ustedes pueden evitar que su hijo les culpe y luego se defienda, y compartir más tarde con él la sensación que experimente, con lo cual la tensión permanecerá en un nivel mínimo.

5. DISCULPESE

No todas las luchas por el poder las inicia el niño. Aunque nos cueste admitirlo, hay ocasiones en las que nosotros, los adultos razonables, somos los instigadores de problemas. A veces estamos agobiados, preocupados, demasiado cansados o malhumorados. Tratamos de mala manera a nuestros hijos aunque no hayan hecho nada para merecerlo, o les respondemos con comentarios sarcásticos o despectivos. A medida que los niños maduran, se vuelven bastante capaces de descubrir cuándo no es el momento adecuado para hablar y se van a otra parte, torciendo la mirada en señal de protesta. Eso, los niños más pequeños aún no lo han descubierto. Y tal vez nos persigan, a pesar de nuestros modos poco amistosos. Quizá decidan que ése es precisamente el momento ideal para tener una conversación, formulando una serie de preguntas sencillas que a nosotros nos hacen estallar y, por supuesto, sentirnos culpables más tarde.

No sean demasiado duros con ustedes mismos cuando esto les ocurra. La situación puede asimilarse como una oportunidad de aprendizaje para todos. Disipen la tensión con una simple disculpa. No sólo servirá como reaseguro, sino que le darán una excelente lección a su hijo. Le estarán demostrando que pueden aceptar haber cometido un error. Le estarán mostrando su capacidad de observar su propio comportamiento, responsabilizarse por él y disculparse, cuando corresponda.

Advertirán cuán valiosa es esta lección la primera vez que su hijo los acose sin piedad y luego les diga: "No quise gritarte. Sólo estoy cansado y enfadado por lo que me pasó hoy en la escuela". Ahora es su hijo quien está aprendiendo a eliminar las luchas por el poder: una lección de la que ambos disfrutarán.

6. EMPLEE EL HUMOR

Hasta ahora hemos abordado un enfoque sencillo y directo para moderar las posibles luchas por el poder. Pero, ¿quién dice que los padres siempre tienen que recorrer un camino estrecho y recto? En ocasiones, tomar un atajo o dar una vuelta puede ser más productivo, si dicho atajo o esa vuelta es el humor.

El humor es un agente comunicador maravilloso. ¿Por qué perdemos nuestra capacidad de reír cuando estamos con nuestros hijos? Nos tomamos la paternidad como algo demasiado serio y olvidamos ver el lado más chispeante de las cosas, al igual que nuestros hijos. Con frecuencia los hijos olvidan que sus padres pueden ser capaces de hacer lo más impredecible (los mismos padres se olvidan de ello).

No es necesario que los padres den siempre una imagen de seres rectos frente a sus hijos. Es divertido intercambiar posiciones y dejar que el niño ocupe ese lugar, mientras nos observa y piensa: "¿Qué hará a continuación?". Lo que está claro es que es muy difícil que las personas se vean envueltas en una pelea si están ocupados riéndose. El humor nos ayuda a mantener la capacidad de reírnos de nosotros mismos (importante técnica de supervivencia) y, además, es un modo maravilloso de cambiar el ambiente de un hogar.

Los siguientes dos ejemplos son de padres que emplearon su creatividad y lograron sus objetivos por medio del humor.

La Sra. W., terapeuta familiar, practicaba el ritual de levantarse temprano todas las mañanas para poder tomar su taza de café sola y tranquila. Era un hecho bien conocido por todos que no debían molestarle hasta que tomara su café. Una mañana, la Sra. W. estaba en su lugar habitual, vestida como lo hacía normalmente (con su vieja bata de paño), intentando tomar su café tranquila. Sin embargo, esto parecía imposible porque su hija Rachel quería que su madre le prestara atención ¡ya!

Rachel seguía con lo suyo sin desfallecer, dando órdenes que fácilmente podrían haberse dado un poco más tarde. La Sra. W. comenzó a sentirse enfadada, pero en vez de dejar que su enfado creciera, trotó hasta el perchero, cogió sus orejeras de piel, se las colocó en los oídos y volvió a su café.

La Sra. W. no pronunció palabra. Y la comandante Rachel se tomó un descanso para dejar de dar órdenes y reírse de su madre, que debía de tener un aspecto bastante cómico. La madre también sonreía mientras terminaba de tomar su café en paz.

Otra madre, la Sra. L., estaba irritada no sólo con su hija, sino también con la amiga de ésta. A punto de darles un sermón en el que se hubiesen intercalado algunos gritos, logró refrenarse para convertirlo en un sermón humorístico.

La amiga de la hija de la Sra. L., Beth, se iba a quedar a dormir el viernes por la noche. La Sra. L. le dijo: "No quiero que estéis charlando toda la noche, porque tenéis ensayo de danza el sábado temprano por la mañana. Por otra parte, no tengo la menor intención de convertirme en la bruja que os obliga a dormir de malos modos". Así que negociaron un acuerdo. La amiga de Beth podría quedarse a dormir, con la condición de que a las diez apagaran la luz. Y todos estuvieron contentos con la decisión.

Llegó el viernes por la noche. Ya eran más de las diez y media y la Sra. L. oyó mucho ruido en la habitación de Beth: música, risas, charla. Y la luz permanecía encendida. Entró una vez en la habitación. Entró por segunda vez. La tercera vez que entró en el cuarto, sintió que estaba perdiendo los estribos. ¡Se estaba convirtiendo en una bruja! Entonces, en lugar de pelear, la Sra. L. se disfrazó con un antiguo vestido de bruja que conservaba de una noche de *Halloween*, con sombrero, un manto negro y la escoba de la cocina. "Voló" dentro de la habitación, apagó las luces y la radio, y se fue riendo como una anciana. Las niñas entendieron el mensaje.

Estos dos ejemplos demuestran cómo los padres pueden salirse de su rol por un momento y regresar con métodos creativos y graciosos para evitar un enfrentamiento, a la vez que se mantienen en su posición. Por supuesto, también es cierto que en muchas ocasiones uno no se siente especialmente de buen humor para afrontar un hecho en particular. Si no sienten ganas de ser graciosos, no simulen sentirlas. Los intentos falsos de comicidad terminan por lo general siendo sarcásticos, lo cual puede ser muy dañino para los niños. Sin embargo, en los momentos en que sí es capaz de ver el lado brillante de las cosas, muestre el comediante que hay en usted. Déjese ir, sea un poco impredecible y permita que esa parte traviesa e imaginativa que está en su interior le agregue un poco de pimienta a su rol de padre.

A medida que usted disminuya sus maniobras defensivas e incremente las relajantes, advertirá una reducción inmediata de las fastidiosas peleas que surgen a lo largo del día. También reparará en que su hijo quiere adoptar su técnica y comienza a dejar de escudarse en comentarios defensivos.

No olvide lo siguiente

1. La queja o el comentario expresado por un niño no tiene que convertirse en la señal para que usted participe en un diálogo *verbal*. Su silencio o unas respuestas breves son buenos métodos para mantener en línea sus propias maniobras defensivas y para evitar los enfrentamientos.

2. Busque la oportunidad de mostrarse de acuerdo con parte de lo que dice su hijo, en vez de oponerse a él por completo.

3. Si puede darle un toque de humor a una situación, hágalo, pero evite el sarcasmo. Usted quiere reírse con su hijo, no a expensas de él.

4. Emplee los siguientes métodos y técnicas de comunicación para eliminar los conflictos innecesarios:

   - *El silencio es oro.*

   - *Sea breve y conciso.*

   - *Primero diga "sí".*

   - *Esté de acuerdo, no discuta.*

   - *Discúlpese.*

   - *Emplee el humor.*

Consejo práctico

Utilice el movimiento, no la emoción

Cuando su enfado llegue a límites intole-rables, en vez de expresar sus sentimientos por medio de palabras, actúe. Puede caminar, señalar con el dedo o incluso utilizar la mímica, mientras se aleja del campo de bata-lla.

Ahora prosigamos con el siguiente nivel de la lucha por el poder, cuando los enfrentamientos llegan a su clímax. ¿Qué ocurre cuando usted ha cruzado la línea del razonamiento, cuando tanto usted como su hijo ya no pueden evitar la pelea? Nos referimos a los momentos en que los padres y los hijos terminan gritando, amenazando o llorando a medida que la temperatura de la pelea sube hasta generar batallas en las que nadie gana.

Una madre, la Sra. C., relató una escena con su hijo que demuestra vívidamente cómo se llega a una lucha por el poder. Ella comenzó hablando como una persona razonable y, sin darse cuenta, terminó comportándose como una lunática. ¿Qué fue lo que provocó esta transformación? Su habitualmente dulce hijo, Greg.

Comenzó de manera bastante inocente. Greg observaba un pequeño elefante de cristal que su abuela les había regalado. Cuando él mencionó que deseaba llevarlo a la escuela, sus padres le dijeron que el elefante se quedaría en casa. Esta no fue una decisión arbitraria. Se basó en el hecho de que recientemen-te se habían producido dos "accidentes" en la escuela: un avión que Greg y su padre habían construido con mucho esfuerzo y una concha marina, ambos objetos estaban rotos.

Por supuesto, el martes por la mañana Greg comenzó a refunfuñar, desanimado, y expresando de todas las formas posibles su pena por no tener nada bueno que llevar a la escuela. El padre había sido afortunado, al irse a trabajar, pero la madre quedó "con el pesado paquete" a su cargo. Tras dedicar cinco minutos a comprensivas explicaciones, comenzó a sentir signos de lo que iba a ocurrir. Sus deseos de razonar no conducían a ninguna parte. Cada intento suyo por mejorar la situación sólo parecía agregar leña al fuego. Tratando de ser cordial, le sugirió a su hijo dos alternativas posibles:

SRA. C.: Ya sé. ¿Por qué no te llevas el globo terráqueo, o esta hermosa roca que usamos como pisapapeles?

Greg dejó de mascullar para empezar a gritar; su madre sentía claramente que estaba a punto de estallar.

GREG: ¡Esas cosas no sirven para nada! (Alejó los objetos de él y también apartó a su madre.) ¡Nunca me dejas hacer lo que quiero!
SRA. C.: Eso no es cierto. Hablamos sobre el tema y te dijimos que no podías llevar el elefante de cristal a la escuela. Es demasiado frágil.
GREG: Entonces no llevaré nada.
SRA. C.: Bien. No lleves nada. Pero date prisa. Llegarás tarde a la escuela.

La Sra. C. estaba irritada por la actitud irracional de Greg, pero lo que realmente le hizo perder los estribos fue cuando vio a Greg sentado en el suelo de la sala con una mirada desafiante, descalzo y jugando con una pelota.

SRA. C.: ¡Levántate y prepárate! ¡Muévete!
GREG: ¡Idiota! (Murmuró, con el tono suficiente como para que su madre lo oyera.)

¡La situación había llegado al límite! ¡La Sra. C. estalló! Comenzó a gritarle a Greg: "¿Quién crees que eres para hablarme de ese modo?"; le amenazaba con diversos castigos: "¡Te castigaré!", y le calzaba los zapatos, mientras Greg no cooperaba en nada. Lo sermoneó desde que entraron al coche hasta que llegaron a la escuela. "¿Por qué tenemos que sufrir mañanas como ésta? Con todo lo que hago por ti, creo que deberías cooperar un poco más conmigo. Yo lo hago contigo. Más vale que esto no vuelva a ocurrir, ¿comprendes?" Greg salió del coche sin pronunciar palabra, dando un portazo.

A esta escena se la denomina lucha por el poder. ¿Qué hace que un adulto razonable pierda el control? El poder, o la pérdida del mismo.

Los adultos se pelean con sus hijos con mayor frecuencia cuando sienten que han perdido el poder para controlar los sentimientos de sus hijos, tranquilizar sus berrinches, hacerles entrar en razón o simplemente evitar que les respondan de mala manera o que gimoteen. Una respuesta natural a la sensación de pérdida de poder es intentar recuperar el control, y eso es lo que hacemos los padres. Tratamos de controlar a nuestros hijos y ellos nos responden intentando dejarnos sin poder. Adoptan una postura firme y nos "demuestran quién es el jefe". El razonamiento y la solución de los problemas se ven reemplazados por esta rivalidad respecto al control. Esa misma transición entre el razonamiento y el control configura el núcleo vital de las luchas por el poder. Finalmente, *todos pierden la perspectiva de cuál es el problema y se ocupan únicamente del tema del control.*

En el ejemplo de Greg y su madre, el tema del elefante de cristal se dejó de lado rápidamente y con la misma rapidez se vio reemplazado por quien soportaría más respecto al otro. Como seguramente ustedes habrán aprendido por experiencia propia, cuando una pelea ha llegado a su punto álgido poco queda por hacer para invertir la situación. Este no es momento de negociar, comprender o incluso enseñar. Su hijo no está en condiciones de ser comprensivo. Por el contrario, es el momento en que se desea abandonar la batalla tan aprisa como sea posible, sin arrepentirse de lo que se dice o de lo que se hace durante el curso de la misma. Uno desea usar el movimiento, y no la emoción.

Volvamos al caso de la Sra. C. y veamos qué es lo que podría haber hecho diferente. Comenzó de forma bastante razonable, como lo haría cualquier madre, tratando de explicarle a su hijo por qué no podía llevar el elefante de cristal a la escuela. No se la puede culpar por tratar de usar la razón. No obstante, una vez que quedó claro que Greg no comprendía el motivo por ese medio, no había necesidad de continuar la conversación. Siguiendo con el tema, la

Sra. C. estaba buscando problemas. En vez de ello, si Greg ya tenía el elefante, podría habérselo quitado con suavidad y guardado mientras se retiraba de escena, y haber buscado de inmediato otra cosa para hacer. En vez de seguir dando explicaciones bien intencionadas que terminarían en gritos, retos y sermoneos, podría haber ido a otro sitio de la casa y utilizar aquellas palabras cortas y tan poco usadas como: "Ah", "¿En serio?" y "Ajá" mientras sus pies se movían de aquí para allá.

Cuando un padre o una madre siguen en el lugar de la discusión y hablan o incluso gritan acerca de un tema, esto significa que lo más probable es que terminen cediendo, o que si al niño se le ocurre el argumento apropiado —o acaba por cansar a la madre— ésta cambiará de parecer. Por lo tanto, recuerde, si el tema no es negociable, no caiga en una verborrea interminable. ¿Esto significa que su hijo seguirá su ejemplo, o que dejará de discutir? Tal vez no. Pero si usted se niega a participar en la pelea, tendrá mayores posibilidades de reducir al mínimo la duración y la intensidad del altercado.

Cuando Greg aún estaba malgastando su tiempo con una actitud desafiante, sin zapatos, con el ceño fruncido, murmurando algunas palabras irrespetuosas, lo ideal hubiera sido que la Sra. C. se hubiese alejado del lugar y dejado en el aire el mensaje: "No permitiré que se me hable de esa forma". Lamentablemente, la madre no podía hacerlo porque tenía que llevar a Greg a la escuela. Cinco minutos antes de salir, podría haberse acercado a Greg y señalado el reloj. Si su hijo no hubiera dado muestras de haber recibido el mensaje, entonces tendría que haberle acompañado a él y a sus zapatos al coche, mientras se mordía los labios para evitar que el niño se saliera con la suya.

De haber sentido la necesidad de decir algo, debería haberlo hecho. Tenía el derecho de ser honesta consigo misma. Pero en vez de gritar, podría haber actuado del siguiente modo:

Exprese lo que piensa o lo que siente

"Ahora estoy muy enfadada. Estoy demasiado enfadada como para hablar. Necesito tiempo para pensar."

Es necesario que los padres les digan a sus hijos cómo se sienten, aun cuando se sientan muy irritados. La clave está en saber cuándo detenerse. Cuando los padres están enfadados tienden a estarlo cada vez más, mientras los niños hacen lo posible por demostrar que no los están escuchando. Cuando exprese lo que siente o lo que piensa, hágalo honestamente, pero de forma breve:

"Ahora me siento muy herida y quiero estar sola durante unos momentos."
"No quiero que se me hable de ese modo, así que voy a pasear un rato."
"Ahora no quiero hablar, porque temo decir algo de lo cual luego me arrepentiré."

Si bien es importante hacerle saber a su hijo cómo se siente usted, también es importante evitar el excesivo dramatismo y por ello es aconsejable sustituir el movimiento por la emoción. La Sra. C. podría haber reemplazado las palabras que utilizó durante la pelea por:

• haber guardado el elefante,
• haber señalado el reloj,

137

- haber acompañado a Greg y a sus zapatos hasta el coche sin emitir palabra.

Hay muchas formas de utilizar el movimiento por la emoción. Si bien la más obvia de todas es la de alejarse del lugar, hay otras maneras de reemplazar sus emociones por el movimiento. De hecho, ya hemos mencionado varios ejemplos a lo largo del libro. Cuando los padres cambian el entorno, como en el caso de la caja grande, el sitio especial para la vestimenta, o el cajón para dulces, están utilizando el movimiento. Cuando los padres emplean el humor o dejan actuar sus sentimientos, como en el ejemplo de las orejeras y de los cuentos de brujas, están utilizando el movimiento y no la emoción.

Pueden recurrir a la pantomima para evitar un exabrupto. Si desean decirle a su hijo que se dé prisa, pueden abrir el portón del garaje cinco minutos antes de que sea la hora de salir. Si quieren enviar a su hijo a su habitación, pueden usar un simple dedo para señalar. Existen muchas maneras creativas para emplear este concepto. El objetivo es el de reducir al mínimo el uso de palabras como armas en el fragor de la pelea, reduciendo también así la posibilidad de una batalla campal.

Si bien el hecho de alejarse o de utilizar la pantomima puede parecer una solución bastante sencilla, es sumamente difícil de llevar a cabo. Cuando nos enredamos en una pelea en la que la

lucha por el poder es el tema principal, sentimos que debemos darle una lección a nuestro hijo y es muy posible que tengamos nuestros buenos motivos para ello, pero el momento indicado para hacerlo no es durante una pelea.

Es poco probable que los niños aprendan algo duradero en medio de una lucha por el poder. En vez de enseñarle algo a su hijo, *su objetivo es el de sobrevivir y alejarse tan pronto como sea posible y con la menor cantidad de heridas recibidas. Guarden sus energías para lo que realmente cuenta, y siempre cuando ustedes y su hijo no estén inmersos en una lucha por el poder.*

No olvide lo siguiente

1. Reconozca el hecho de que está en medio de una lucha por el poder cuando el tema en cuestión ha dejado de tener importancia y advierta que en realidad está peleando por mantener el control.

2. Una vez que comprenda que los verdaderos temas son el poder y el control, exprésese con diversas acciones en lugar de palabras cargadas de emoción.

3. Si desea decir algo antes de abandonar la escena de la discusión, sea breve y limítese a la técnica de comunicación.

- *Exprese lo que piensa o siente.*

Consejo práctico

Corrija por medio de una conexión

Establezca una conexión entre el error cometido por el niño y la disciplina correspondiente. Siempre que sea posible, deje que él experimente las consecuencias de su comportamiento.

Como padres, sabemos muy bien que habrá muchas ocasiones en las que el mero hecho de abandonar una pelea no es suficiente, momentos en los que queremos que nuestros hijos aprendan una lección. Con el tiempo y algo de suerte, la situación misma se ocupará de ello, mientras usted se mantiene al margen. Por ejemplo, si ha pasado toda la mañana discutiendo con su hijo porque él quiere usar pantalones cortos en un día frío y, de todos modos, lo hace, es probable que regrese a casa con una opinión diferente respecto a los pantalones largos. Habrá aprendido la lección de manera natural, debido al clima y por haber sentido el viento frío en sus piernas desnudas. Si su hijo falta a demasiados entrenamientos de fútbol, a pesar de que usted se lo recuerde, y debe jugar tan sólo como suplente en los siguientes dos partidos, habrá aprendido la lección de forma natural, gracias a las normas establecidas por su equipo.

En casos como éstos, su tarea consiste en dejar que las cosas ocurran y en darle a su hijo la oportunidad de aprender. No importa cuánto desee ayudarlo, no intente hacerlo diciéndole: "¡Te lo dije!" o "¿Ves lo que ocurre cuando no me escuchas?". Si bien estos comentarios son sumamente tentadores, sólo conseguirá generar un altercado y dejar que la situación ya no sea el tema en cuestión, mientras su hijo trata de defender su comportamiento. Recuerde: usted quiere que su hijo aprenda a valorar el comportamiento adecuado porque ello le ayudará a valerse en su vida futura. Y la mejor manera de que lo aprenda es mantener el centro de atención en el problema y alejarse de las peleas por el poder.

Pero aunque usted debe aprovechar las oportunidades naturales de aprendizaje cuando éstas se le presenten a su hijo, en muchas ocasiones será necesaria su participación. Deberá intervenir y darle una lección. Pero tiene que ser muy claro respecto de qué quiere que su hijo aprenda. Si quiere enseñarle que con la fuerza se alcanza todo, puede intentar modificar el comportamiento de su hijo por medio de intimidaciones y amenazas. Si desea enseñarle a respetar el valor de un comportamiento responsable, deberá actuar de forma diferente. Este enfoque lo aleja de frases como "¡Te lo dije!" y de amenazas sin significado, a la vez que alienta a su hijo a asumir la responsabilidad de su propio comportamiento. Aprender a superar la transición entre las luchas de poder y la resolución de problemas puede resultar tarea difícil y cuánto más enfadado esté usted, más difícil lo será.

Un padre, el Sr. G., tuvo una experiencia que demuestra lo que decimos con mucha claridad. En este caso, el Sr. G. no sólo estaba enfadado, sino también muy preocupado porque su hijo, Matthew, había puesto en peligro su propia seguridad. El Sr. G. sabía que tenía que hacer algo. Entonces hizo lo que consideró más correcto: lo castigó severamente. Esta es la historia:

A Matthew le encantaba ir a los parques de diversiones y había encontrado una forma de reproducirlos en su hogar: el portón del garaje. Primero oprimía el pulsador para que la puerta se abriera automáticamente. Luego corría hasta el portón y se aferraba a él mientras éste se elevaba. ¡Cómo se divertía mientras subía lentamente, cada vez a mayor altura, meciendo las piernas y sintiendo la suave brisa que lo rodeaba! Cuando su padre lo descubrió, puso un alto definitivo a esta "diversión". Le dijo a Matthew que el portón no era ningún juguete y que lo que hacía era muy peligroso.

Durante un tiempo, Matthew recordó las palabras de su padre. Pero al cabo de un par de semanas ya estaba meciéndose nuevamente en el portón. En una de estas ocasiones, cayó al suelo porque el portón se había salido del riel. El Sr. G. estaba furioso y más tarde nos contó que reaccionó un poco impulsivamente. Pero en ese momento todo lo que podía pensar era en lo arriesgada que era la "diversión" de Matthew. Quería asegurarse de que su hijo no lo volviera a hacer nunca más, por lo que recurrió a un castigo que estaba seguro afectaría a Matthew.

"No formarás parte del equipo de *softball* durante todo el resto de la temporada —gritó—. Quizás eso te ayude a recordar que debes escucharme."

El Sr. G. estaba haciendo lo que hacen muchos padres: usar la técnica del "quien la hace la paga". Esta técnica se basa en la creencia de que quitando de en medio algo que el niño valora, se logrará que éste haga caso. El Sr. G. impuso este castigo porque estaba enfadado con Matthew por no haberlo escuchado, y preocupado porque podría haberse lastimado. Mediante una postura firme y punitiva, el Sr. G. esperaba obtener la atención de su hijo.

Lo que probablemente muchos padres no saben es que recurrir a un castigo arbitrario, como quitarle a un niño aquello que más quiere, es la manera más segura de generar resentimiento y de hacer que el niño se sienta víctima de la situación. Con frecuencia, la disciplina que utiliza castigos omite un punto muy importante, como demostrarle al niño de qué manera ha contribuido al problema en que se encuentra, y le hace ver tan sólo cuán injustos son sus padres. *En vez de demostrarle a su hijo que usted es el que manda*

y que él es la víctima de un castigo arbitrario, demuéstrele que él
debe responsabilizarse por lo que le ocurre.

En el caso de Matthew, el Sr. G. podría haber evitado los castigos duros o los clásicos como no dejarlo salir o no dejarlo ver la televisión. Podría haber logrado un impacto mayor si hubiera puesto de manifiesto cuáles eran las consecuencias.

Podría haber comenzado concediéndose un tiempo para pensar qué quería hacer. Si bien es importante poner en práctica las consecuencias a continuación del hecho, en algunos casos la consecuencia no siempre es evidente de inmediato, particularmente si usted está furioso. Un buen comienzo hubiera sido llevarse a Matthew del garaje y esperar hasta aplacar su ira.

Ahora viene la parte difícil para muchos padres: crear una consecuencia que tenga una relación clara y lógica con lo hecho por el niño. Podemos utilizar cuatro preguntas que ayudarán a identificar dicha consecuencia:

- ¿Hay algún problema por solucionar?
  ¿Cómo puede solucionarlo mi hijo?
- ¿Quiero enseñarle alguna lección a mi hijo?
  ¿Cómo puedo hacerlo?

En el caso de Matthew se presenta un problema (la puerta del garaje rota) y Matthew debe contribuir a su reparación. Además, hay una lección muy importante que el Sr. G. desea enseñarle a su hijo: Matthew debe jugar de manera segura y responsable.

Con esto en mente, veamos cómo podría haber procedido el Sr. G. Por ejemplo, empezar diciendo lo siguiente:

"Tengo el teléfono de las personas que hoy debes llamar para que arreglen la puerta del garaje. Tendremos que buscar la manera de que ayudes a pagarlo. El hecho de que hayas utilizado la puerta de manera incorrecta hizo que se saliera del riel."

Si Matthew fuera una persona responsable, él y no su padre debería realizar la llamada para que reparasen el portón. De ese modo, Matthew se enfrentaría al problema y el Sr. G. no tendría toda la responsabilidad a su cargo.

Dividamos en dos partes lo expresado por el Sr. G., con ayuda de las dos técnicas que harán que una corrección se convierta en una conexión.

Exponga la consecuencia

"Tengo el teléfono de las personas que hoy debes llamar para que arreglen la puerta del garaje. Tendremos que buscar la manera de que ayudes a pagarlo."

Esta técnica se limita a indicar las consecuencias de forma clara y directa. Es necesario hacerlo con un tono calmo, exento de amenaza. Una frase como "Vas a aprender lo que significa tener que ocuparse de que arreglen algo, y mejor será que lo hagas bien", implica utilizar la consecuencia para dominar y humillar. Implica hacer pasar al niño un mal rato para inducirlo a portarse bien. La mención de las consecuencias no debe usarse como arma. Su propósito es enseñar al niño a mirar más allá del resultado inmediato de sus actos y a tomar en cuenta otros efectos posibles.

Realice la conexión

"El hecho de que hayas utilizado la puerta de manera incorrecta hizo que se saliera del riel."

Si bien a usted puede resultarle obvio, es muy importante relacionar verbalmente las consecuencias con el comportamiento de su hijo. El hecho de señalar la relación lógica causa-efecto entre el comportamiento y el resultado, ayudará a su hijo a considerarse responsable de lo que ocurrió, en vez de culparlo a usted o a otras personas. Cuando realice esta conexión, recuerde evitar comenzar con frases tales como: *"Deberías"* o *"Más te hubiera valido no"*. Usted quiere expresar su parecer centrándose en la acción del niño, y no en él mismo.

145

Esto enlaza con el tema del garaje, pero no aborda el tema del uso incorrecto que hizo Matthew de la propiedad y de su comportamiento irresponsable. Hubiera sido inteligente por parte del Sr. G. haber agregado lo siguiente:

"Durante las próximas dos semanas, el garaje está fuera de tus límites, al igual que los juguetes que se guardan allí (bicicleta, pelota de fútbol, guante de béisbol)." (Exponga la consecuencia.) "Colgarse del portón del garaje es muy peligroso e irresponsable, de modo que no puedo tenerte confianza si estás cerca del garaje." (Realice la conexión.)

Advierta cómo esta exposición de una consecuencia se refiere específicamente al tema en cuestión: fija un límite de dos semanas. Siempre que sea posible, debe ser específico con los tiempos. Esto no sólo aclara las consecuencias, sino que también asegura al niño que se le dará otra oportunidad, en este caso al cabo de dos semanas.

Al corregir por medio de una conexión usted le está enseñando una lección, evita castigos arbitrarios y no asociados al hecho en sí, y se basa en las consecuencias relacionadas, logrando un impacto duradero en su hijo. El hecho de establecer consecuencias en vez de castigos es, por lo general, una transición difícil de llevar a cabo, porque la diferencia existente entre ambos no siempre es clara como el cristal. La diferencia básica es que usted está cambiando una lucha por el poder por la resolución de un problema, y esto requiere un leve pero importante cambio de actitud. Debe dejar de centrarse en el tema del poder.

"Mi hijo debe hacer lo que le digo porque yo lo digo, y yo sé más que él."

En cambio, céntrese en la resolución de problemas:

"Yo le enseño a mi hijo dejando que experimente las consecuencias de su comportamiento, al darle a la vez mi apoyo, y a ofrecerle una estructura de seguridad."

El siguiente cuadro identifica las importantes diferencias que existen entre estos dos enfoques:

CASTIGOS	CONSECUENCIAS
Los castigos convierten a los padres en totalmente responsables de la resolución de problemas.	*Las consecuencias* dejan que el niño adquiera cierta responsabilidad por sí mismo para solucionar el problema.
Los castigos enseñan al niño a escabullirse o a evitar ser descubierto.	*Las consecuencias* aseguran que el niño no pueda evitar los resultados de su propio comportamiento.
Los castigos alientan al niño a pelear con sus padres.	*Las consecuencias* alientan al niño a lidiar con el problema.
Los castigos están orientados al poder. El padre es quien detenta éste.	*Las consecuencias* están orientadas en la tarea. El niño tiene la oportunidad de centrarse en ella y remediar el problema. Esto fomenta la independencia y la autoconfianza.

DEJE QUE EL NIÑO ELIJA LA CONSECUENCIA

En algunas situaciones los padres tienen ideas muy claras respecto de qué consecuencias desean poner en práctica. En otras, tal vez no tengan en mente una consecuencia en particular, pero saben que se necesita aplicar un correctivo. En vez de decidir arbitrariamente una consecuencia, urgidos por la idea de que tenemos que actuar de inmediato, utilicen esta oportunidad para que su hijo participe. Dejen que él piense cuál debería ser la consecuencia. Con frecuencia, los padres se sorprenden al ver cuán justos y razonables pueden llegar a ser los niños cuando se les da la oportunidad. Esto es especialmente cierto cuando la consecuencia puede aplicarse antes de que surja cualquier posible lucha por el poder.

El siguiente es un ejemplo de un niño que participó en la elección de la consecuencia. Elizabeth formuló opciones para sí misma y su aportación fue justa y creativa a la vez.

A Elizabeth le encantaba su hucha. Periódicamente vaciaba su contenido y contaba sus ahorros. Se ofrecía para realizar tareas adicionales en el hogar, con el fin de agregar la ganancia a su "montoncito de dinero", como solía llamarlo. Durante los meses de verano, salía fuera de casa con una silla, una mesa plegadiza y una serie de objetos que le servirían para la venta de limonada. Cuando el tórrido verano se convertía en un fresco otoño, su negocio rentable dejaba de serlo: sabía bien que nadie compraría limonada, pese a que era una jovencita muy insistente. Entonces, con ayuda de una vecina, creó otro sistema para ganar dinero.

Las dos niñas recogían piedras en terrenos cercanos e iban puerta por puerta vendiéndolas. En cuarenta y cinco minutos habían conseguido 13,61 dólares, con sólo haber visitado a siete vecinos. Llegaron a batir su propio récord: la pareja de ancianos de la casa de al lado les pagó 10 dólares por una piedra. Mientras se sentían felices contando sus ganancias en el piso de la cocina, entró la madre de Elizabeth y les preguntó qué estaban haciendo. Cuando las niñas le contaron su aventura, la Sra. J. comenzó con el interrogatorio: "¿Cómo pudisteis aceptar dinero de los vecinos por la venta de una vieja piedra? ¿No sabéis que eso está mal?"

A los pocos días, la Sra. J. salió a buscar el periódico y vio que la encantadora pareja de ancianos se dirigía a su casa. Permaneció en silencio mientras ellos alababan a su dulce hija por habérsele ocurrido recaudar dinero para... "¿Era para la escuela o para una obra de beneficencia?" No podían recordarlo bien. Ahora todo comenzaba a tener sentido. Los vecinos habían pensado que las niñas estaban reuniendo dinero para una causa noble.

La madre, mordiéndose los labios, informó a las niñas que no podían quedarse con el dinero de ninguna manera. Elizabeth y su amiga se sintieron avergonzadas y "tontas". En realidad, no tenían la menor idea de que sus vecinos pensaban que estaban reuniendo fondos para obras de caridad. Pero las niñas lograron convertir su vergüenza en una idea que a la madre no se le había ocurrido. Si la gente pensaba que estaban reuniendo fondos para una buena causa, ¿por qué no donarlo? La madre tuvo que admitir que ésa era una buena solución, que no sólo les enseñaría una lección sino que les ayudó a trocar un problema en una buena acción.

Cuando le dé a su hijo la oportunidad de crear una consecuencia, es importante que tenga muy en cuenta tres cosas:

1. No lo intente, si "el horno aún no está para bollos". Debe sentirse razonablemente tranquilo, al igual que su hijo. De otro modo, estará preparando el escenario para que se produzcan más peleas.
2. Si usted cree que una determinada consecuencia sería la más justa, espere un poco; éste no es el momento de aplicarla ni de escuchar sugerencias al respecto. Usted no está preparado para aceptar las ideas de su hijo y, muy probablemente, éste se sienta acorralado.
3. Dígale a su hijo desde un principio que usted tiene el derecho de aceptar o de rechazar cualquier sugerencia. Esto hará que su hijo mantenga una actitud de honestidad.

No olvide lo siguiente

1. Reemplace el castigo por consecuencias. Esto hará ver a su hijo cuál es su responsabilidad en la cuestión en cierne.

2. Plantee la consecuencia de forma clara, determinando un tiempo en el que deberá cumplirse, y vea que esté directamente relacionada con el "error".

3. Presente la consecuencia como tal: una consecuencia y no un castigo, ni una amenaza, ni un intento de control. Recuerde: su meta es enseñarle a su hijo a respetar las consecuencias, no a respetar el poder.

4. Siempre que sea posible, deje que su hijo participe en la formulación de las consecuencias.

5. A veces es difícil crear una consecuencia. Si se centra en el problema que debe resolverse y en la lección a aprender, le resultará más sencillo.

6. Emplee las siguientes técnicas de comunicación para poner en práctica las consecuencias:

   - *Exponga la consecuencia.*

   - *Realice la conexión.*

Consejo práctico

Manténgase firme ante las consecuencias

Sea coherente y enseñe por medio de las consecuencias, aunque le resulte más sencillo y rápido no hacerlo.

Gracias a nuestra experiencia, hemos observado que una vez que los padres aprenden a enseñar por medio del uso de consecuencias, siguen existiendo obstáculos que les impiden ser coherentes: cuando no están absolutamente convencidos de ellas, cuando un niño miente o cuando intenta responder con un comportamiento vengativo. Lo inconveniente de la situación es la excusa que más nos repiten los padres, pero ello es también el obstáculo más fácil de vencer. Sin embargo, cuando los niños inician una lucha de poder combinando el error que han cometido con la mentira o el comportamiento vengativo, los padres se enfadan tanto que olvidan las consecuencias y todo queda en la nada.

Obviamente, habrá ocasiones en las que usted perderá el rumbo y la calma, pero puede limitar estos momentos e incrementar su capacidad de lograr un impacto duradero en su hijo si recurre a las consecuencias y las mantiene.

NO PIERDA EL CONTROL AUNQUE LA SITUACION
NO SEA LA MAS CONVENIENTE

Como ya hemos dicho, el obstáculo que más suele apartar a los padres de las consecuencias es lo inconveniente del momento: aquellas situaciones en las que preferiría sermonear a su hijo controlando el problema, o aquellos momentos en que las consecuencias parecen ser más un problema que una solución.

El siguiente es el ejemplo perfecto de una madre que pensó

que podía resolver muchos problemas sin recurrir a enseñar por medio de consecuencias, cuando se vio inmersa en la solución de un conflicto ocasionado por sus hijos, que ella esperaba resolver por sí sola.

Era un día muy caluroso de verano y la Sra. J. permitió que cada uno de sus hijos, James y Meagan, invitaran a casa a un amigo, que se pusieran sus trajes de baño y llenaran la bañera con agua fría. Los niños disfrutaban del refrescante baño y la madre de cierta tranquilidad. Demasiado bueno para ser cierto. La Sra. J. entró en el cuarto de baño, ¡y casi se cae de bruces! Todas las toallas y los toallones estaban en la bañera junto a unos niños que eran lo suficientemente mayores como para saber que eso no se hacía. Como es de comprender, estaba furiosa y tenía todo el derecho a estallar, como así hizo.

No tuvo necesidad de decirles a los niños que dejaran el cuarto de baño. En seguida se dieron cuenta de que el mejor lugar para estar en esos momentos era lejos de la Sra. J. y, a decir verdad, ella también estaba a acuerdo en ese punto. Quería que se fueran lejos de su vista mientras escurría las toallas mojadas, secaba el piso e iba y venía de la máquina secadora.

No cabe duda de que la madre hizo esa tarea de forma mucho más eficiente y completa que si la hubieran realizado los niños. No obstante, podría haber utilizado esta ocasión para enseñarles diversas técnicas y, por añadidura, una valiosa lección. Los niños podrían haber aprendido cómo estrujar las toallas mojadas, cómo secar el piso, cómo emplear la máquina secadora y, sobre todo, cómo hacerse responsables de su propio comportamiento. Si la Sra. J. hubiera pensado que no podría con toda la tarea de limpieza, podría haber compartido parte de ella con los niños.

Aunque en el instante mismo en que se produzcan estos casos mantenerse firme ante las consecuencias puede parecer poco convincente, actuar así les restaría problemas a usted y a sus hijos a largo plazo.

El segundo obstáculo que impide que los padres enseñen por medio de consecuencias es cuando el niño miente. En general, los padres se concentran tanto en la mentira que dejan de lado el problema en sí mismo. Habitualmente, el resultado de ello es una mínima enseñanza y una acumulación de gritos. La siguiente historia nos permite apreciar un buen ejemplo de cómo las mentiras pueden apartar a los padres de su meta y dejar de darles una lección a sus hijos con el impacto duradero que generan las consecuencias.

El hijo del Sr. K., Brad, estaba construyendo un fuerte en el patio trasero de su casa con varios amigos. Los niños habían reunido algunos troncos para realizar una fogata, algunas piedras y otros elementos que podrían servirles como material de construcción. Por supuesto, para que el fuerte estuviera realmente bien construido necesitaban herramientas: las herramientas del Sr. K. Fue Brad quien buscó en esa caja de herramientas y cogió un martillo, un destornillador y varios útiles de jardín para cavar. Los niños habían puesto mucho empeño en este proyecto y se sentían orgullosos de sí mismos. Cuando estaban a punto de terminar empezó a lloviznar y, puesto que eran lo suficientemente inteligentes como para no quedarse bajo la lluvia, entraron en la casa y dejaron las herramientas en el patio.

Ese fin de semana, el Sr. K. entró en el garaje con la idea de acabar de arreglar la pata de una mesa que se movía, y con ello provocaba cierta incomodidad entre los comensales. La situación empeoró cuando no pudo encontrar el destornillador que necesitaba. Tras buscar durante veinte minutos, se dio por vencido y sacó al perro para que diera un rápido paseo en el patio trasero. ¿Adivinen qué encontró?

El Sr. K. estaba exasperado. Esta no era la primera vez que Brad había "olvidado" dejar en su lugar las herramientas que había cogido prestadas. Brad y sus amigos ya habían construido otros fuertes y si bien el Sr. K. pensaba que eran lo suficientemente responsables como para utilizar algunas herramientas, le había especificado una y otra vez a Brad que luego debían ser devueltas a su lugar. El Sr. K. no podía permitir que Brad se saliera con la suya. Entró en la casa y trató de hacer que Brad cayera en la trampa.

SR. K.: ¿Has visto, por casualidad, mis herramientas? Estoy buscando el destornillador.
BRAD: No, no las he visto. Creo que no.
SR. K.: ¿De verdad? Entonces, ¿cómo pudieron llegar al patio trasero, cerca de tu fuerte?
BRAD: No lo sé.
SR. K.: Me estás mintiendo.
BRAD: No. Ya te he dicho que no sabía.
SR. K.: Eso es mentir. Bien, parece que no puedo confiar en ti.

El enfado del Sr. K. era comprensible. No hay nada que nos haga irritar con tanta rapidez como la mentira. Todos sabemos que mentir es algo absolutamente inaceptable, como también sabemos que, en algún momento, la mayoría de los niños mentirá o, como mínimo, tergiversará de algún modo la verdad. Como es lógico, no queremos que nuestros niños mientan y, por lo general, la mejor manera de lograrlo es no darles la oportunidad de que lo hagan con preguntas como "¿Has visto mis herramientas?". En su lugar, enfoque el problema utilizando los dos pares de preguntas establecidas para darle una lección a su hijo en lo que respecta a responsabilidad:

- ¿Hay algún problema que debe ser resuelto?
  ¿Cómo puede resolverlo mi hijo?
- ¿Hay alguna lección que deba inculcar a mi hijo?
  ¿Cómo puedo hacerlo?

En este caso, en vez de prestar excesiva atención a la mentira, el Sr. K. podría haber sostenido las herramientas en las manos, a la vez que utilizaba esa antigua pero eficaz técnica:

154

Exponga los hechos sin echar la culpa a nadie

"Estas herramientas estaban afuera, cerca del fuerte."

Al exponer los hechos sin echar culpas a nadie, el Sr. K. podría haber obviado las acusaciones y las maniobras defensivas de su hijo, ante la evidencia que tenía en sus manos. Su hijo no hubiera podido argumentar nada en contra de lo que le decía su padre y no hubiese sido necesario que el Sr. K. justificara su siguiente frase, al corregir por medio de una conexión.

"Tendrás que comprar otro destornillador (Establezca la consecuencia.)
porque se ha oxidado con la lluvia." (Realice la conexión.)
"Durante los próximos seis meses las herramientas estarán bajo llave en su caja y no te las dejaré (Establezca las consecuencias.)
porque necesito estar seguro de que me las devolverás y las tratarás con cuidado." (Realice la conexión.)

El objetivo es no usar preguntas que acorralen a su hijo y le proporcionen la oportunidad de mentir. Aunque su pregunta sea tan inocente como "¿Te has cepillado los dientes?", cuando usted sabe muy bien que él no lo hizo, o "¿Has estado en casa de los vecinos como me dijiste que harías?", cuando usted sabe que no fue así, es muy importante que deje de crear oportunidades para que su hijo mienta y que se limite a enseñar por medio de consecuencias.

Por cierto, habrá ocasiones en las que la mentira de un niño no estará provocada por una pregunta que usted le haya formulado. ¿Y entonces? Incluso en tales circunstancias puede dejar de lado la mentira y abordar el tema en cuestión. El siguiente ejemplo, contado con orgullo por la Sra. S., una de las personas que asisten a nuestros grupos de padres, le demostrará cómo hacerlo.

Andrew volvió de la escuela con su mochila cargada hasta el tope, como de costumbre. La diferencia en este caso fue que en vez de lanzarla al suelo de la cocina la llevó a su cuarto, donde debía estar por lógica. La Sra. S., más tarde, pensando en ello, admitió que ése pudo haber sido el primer indicio de que algo estaba sucediendo. Andrew nunca llevaba la mochila a su cuarto.

Sin sospechar nada, la Sra. S. estaba ocupada arreglándose para salir hacia su trabajo nocturno. Llegó la "canguro" y la Sra. S. se fue hacia el cuarto de Andrew para despedirse. Allí estaba él jugando con un telescopio que se parecía demasiado a los que ella había visto en la escuela. De hecho, aún llevaba pegada la etiqueta que decía: SRTA. KATZ, SEGUNDO GRADO. Cuando Andrew vio a su madre, intentó esconder tras de sí el telescopio con rapidez. Lo que logró fue despertar la curiosidad de su madre y convencerla de que Andrew había cogido aquello sin pedir permiso.

Andrew empezó a disculparse: "Lo encontré afuera y pensé que podía ser de alguien, así que lo he traído a casa para devolvérselo a su dueño. Seguro que es de Michael. El tiene uno igual. Seguramente se le cayó de la mochila".

La madre decidió intervenir, para que Andrew no se siguiera cavando una fosa cada vez más profunda.

"El telescopio tiene pegada una etiqueta con el nombre de la Srta. Katz y y el grado donde enseña." (Exponga los hechos, sin echar culpas a nadie.)
"Hay que llamar por teléfono ahora mismo a la escuela, para que sepan dónde está el telescopio y devolverlo mañana, (Establezca la consecuencia.)
ya que parece que ha sido cogido sin permiso." (Realice la conexión.)

En muchas ocasiones se verá obligado, y deberá hacerlo, a aceptar el hecho de que su hijo ha mentido. Puede hacerlo de forma directa, diciendo con firmeza: "No acepto mentiras". Luego, puede dedicar su energía a crear una consecuencia que se adecue a la situación. Si evita colocar a su hijo en una situación que lo obligue a mentir, si se centra en el tema en cuestión y no se ocupa tan sólo de esa mentira en concreto, hará que su hijo aprenda a no mentir y podrá mantenerse firme, enseñando por medio de consecuencias.

Otro motivo por el cual los padres suelen olvidarse de las consecuencias se produce cuando el niño (o el padre) ha convertido una lucha por el poder en una lucha por venganza. En estas situaciones los niños emplean la lucha por el poder y no sólo desean demostrarles a sus padres quién es el que manda, sino también herirlos.

Los niños pueden vengarse de mil y una maneras: pueden estropear a propósito cualquier objeto de sus padres, hacerlos pasar vergüenza, fingir —o no tanto— que no les afecta lo que les dicen sus padres; etc. Si bien este tipo de situaciones se dan siempre alguna vez en la mayoría de los niños, abundan mucho más en hogares en que la necesidad de tener razón, la necesidad de ser uno quien mande y la necesidad de ganar contaminan muchos aspectos de la relación entre padres e hijos. Estos casos se producen cuando los padres, sin saberlo, adoptan un comportamiento vengativo, y tanto ellos como el niño acaban sintiéndose heridos. Por regla general, la única forma que tiene un niño de dar a entender que ha sido herido, es herir a su vez; así da comienzo el ciclo de comportamiento vengativo.

Este fue exactamente el caso de la Sra. D. y de su hija, Katie. La Sra. D. nunca sabía con certeza cómo se iniciaban las peleas, pero con demasiada frecuencia ella y Katie se encontraban inmersas en ellas.

La Sra. D. relató lo sucedido un día en particular, cuando Katie se comportaba de una manera imposible de tolerar. Sinceramente, la Sra. D. ya se había olvidado de los motivos que iniciaron aquel campeonato de gritos, pero lo que sí recordaba es que finalizó al llevar a Katie a su habitación y no permitirle salir de ella hasta que obtuviera el permiso correspondiente. Ese debía ser, se supone, el final de la pelea, pero de hecho no fue así. Katie empezó a lanzar juguetes fuera de su cuarto, por las escaleras. Si su madre pensaba que la podría vencer, estaba muy equivocada.

Estaban al borde de una lucha sin cuartel. La Sra. D. le dijo a Katie que "recogiera enseguida esos juguetes".

"No", respondió Katie, mientras lanzaba otros por los escalones.

"Si no recoges ahora mismo esos juguetes, ¡los regalaré!"

¿Creen que Katie bajó corriendo las escaleras, recogió los juguetes y volvió a su cuarto? ¡De ninguna manera! Muy al contrario, gritó: "¡No me importa lo que hagas!". Y con el fin de asegurarse de que su madre comprendía su posición, corrió al cuarto de la Sra. D., cogió un vestido que estaba sobre la cama, hizo un paquete con él y se lo arrojó a su madre. "¡Aquí tienes!", le dijo, mientras regresaba a su cuarto. Katie había convertido esta lucha por el poder en un intento vengativo de herir a su madre.

No habrá ningún padre que no hubiese deseado ir tras de esa niña y darle su merecido. Cuando los padres se sienten heridos o llevados al límite de su tolerancia, les resulta muy difícil apartarse de la zona de pelea, porque creen que esto significaría bajar la guardia y ceder ante sus hijos. Consideran que deben demostrar su propia dureza y responder con el mismo comportamiento vengativo de sus hijos, demostrándoles lo muy poderosos que ellos pueden llegar a ser.

En realidad, al apartarse de la situación conflictiva no sólo consiguen mantenerse controlados, sino que también transmiten dos conceptos importantes. En primer lugar, demuestran a su hijo que ustedes no se dejarán llevar a la pelea, aun cuando el niño recurra a la venganza. En segundo lugar, y este elemento es sumamente importante, le hace entender a su hijo que las peleas y el comportamiento vengativo no lograrán que usted se acerque a él, ni siquiera movido por la ira. Muy al contrario, lo alejará. ¿Qué tendría que haber hecho la Sra. D.? A pesar de la intensidad de sus sentimientos, debería haber recurrido al empleo del movimiento, y no de la emoción.

La Sra. D. podría haber utilizado el movimiento al recuperar su vestido, recoger los juguetes de las escaleras y colocarlos en una caja, a la que más adelante se le daría destino. Una reacción como ésa puede resultar difícil de realizar o desagradable, pero evitará que usted utilice una consecuencia como si fuera una amenaza, la cual su hijo aceptará como un desafío. No cabe ninguna duda de que es muy difícil mantener la compostura y

no defenderse ni devolver el golpe con palabras. Pero, como ocurre en toda pelea o hechos equivocados, usted quiere mantenerse a sí mismo y mantener a su hijo lejos del rol de víctimas y, siempre que sea posible, conservar la opción de poder resolver los problemas que surjan. Con Katie, un buen modo de comenzar hubiera sido esperar que pasara la tormenta y luego decirle:

"Los juguetes que están en la escalera se guardarán durante dos semanas (Establezca la consecuencia.)
porque no los has tratado con cuidado." (Realice la conexión.)
"Además, voy a gastar parte del dinero destinado a tu cumpleaños para llevar mi vestido a la tintorería (Establezca la consecuencia.)
porque se ha arrugado cuando tú lo has lanzado por las escaleras." (Realice la conexión.)

¿Y qué ocurre si la respuesta a su enorme trabajo y esfuerzo para darle una lección a su hijo es "¿Y a mí qué me importa?".

En ese momento usted debe recordar cuál es su propia meta. A menudo basamos nuestro sentido del éxito en la respuesta inmediata de nuestros hijos y no en nuestra propia capacidad de mantenernos firmes respecto de una consecuencia razonable. Por lo general, cambiamos de táctica a mitad de camino porque nuestros hijos no responden como esperamos. Los padres deben aprender a basar su sentido del "éxito" de su enfoque en lo que han hecho, y no necesariamente en cómo han respondido sus hijos. Debemos marcar el ritmo y el rumbo, en vez de secundar a nuestro hijo en su empeño por demostrar poder y vengarse. El objetivo es enseñarles a nuestros hijos a respetar las consecuencias, y no el poder.

Sin embargo, con esto no se completa el cuadro. Disminuir las luchas por el poder y poner en práctica las consecuencias no es suficiente. Existe otro camino que debemos recorrer, un camino que tiene suma importancia y presenta grandes dificultades cuando los niños expresan sus impulsos y convierten la vida de los demás en un infierno. Ese camino es el aliento. Todo padre sabe lo importante que es que un niño tenga un buen nivel de autoestima. Esto es un hecho. Pero es muy difícil tenerlo en cuenta cuando los padres consideran que hay pocas cosas positivas que destacar; por supuesto, ése es el momento en que los niños necesitan más de los padres. Al tener esto muy claro, cabe centrar nuestra atención en aumentar la autoestima del niño.

No olvide lo siguiente

1. Tómese su tiempo para instruir a su hijo, aunque le resulte mucho más sencillo resolver el problema usted mismo.

2. No provoque que su hijo le mienta, formulándole preguntas. Cambie la pregunta "¿quién lo ha hecho?" por "¿qué podemos hacer?", y no deje de aplicar las consecuencias correspondientes.

3. Evite enredarse en una actitud vengativa, aunque su hijo muestre esas características.

4. Aprenda a basar su sentido del éxito en lo que ha hecho usted, y no necesariamente en cómo responde su hijo.

5. Utilice las siguientes técnicas de comunicación sin dejar de mantenerse firme ante las consecuencias:

   • *Exponga los hechos sin echar la culpa a nadie.*

   • *Establezca cuál es la consecuencia.*

   • *Realice la conexión.*

IV

FOMENTE AL MAXIMO
LA AUTOESTIMA

Como padres, todos sabemos lo importante que es la auto-estima para un niño. Aun así, es comprensible que el hecho de fomentar la autoestima sea lo último que se les ocurra a los padres si la relación con sus hijos transcurre entre una pelea y otra.

Durante estos momentos tan frustrantes deben recordar lo siguiente: lo que generalmente induce a los altercados entre ustedes y sus hijos es la baja estima que su hijo tiene de sí mismo. Cuando los niños sienten que no pueden acceder a sus padres con una actitud de cooperación, pueden tratar de hacerlo a través de las discusiones y de los juegos de poder. Ese es el momento en que los padres dejan de realizar comentarios que generan una buena autoestima en el niño y pasan a criticarlos y a intentar corregirlos.

la autoestima decrece las luchas por el poder aumentan

Este ciclo provoca que tanto los padres como los niños se sientan desalentados, incapaces y hasta desesperanzados. Los padres pueden romper este ciclo no sólo al tratar de neutralizar las luchas por el poder, sino también al cuidar de aumentar al máximo la autoestima de sus hijos.

Naturalmente, nadie siente deseos de realizar comentarios positivos en medio de una discusión, puesto que ese no es el momento ni el lugar indicado para hacerlo. Pero pueden hacerlo en otras situaciones, cuando la relación entre padres e hijos esté atravesando un momento de relativa calma. Fije usted su energía con el objetivo de enfatizar lo positivo, tanto en relación con su hijo como con usted.

La clave para mostrarse propenso al optimismo, aun en momentos difíciles, está en emplear las siguientes cuatro técnicas:

- Saque el mayor provecho de los momentos intrascendentes.
- Escuche y comprenda a sus hijos, para que ellos no se alejen de usted.
- Ponga en evidencia lo que es evidente.
- Tenga en cuenta los pequeños éxitos que va logrando su hijo a lo largo del camino.

Por medio de estas técnicas logrará incrementar la autoestima de ese niño que tan poco confía en sí mismo, al igual que la del niño que tiene una imagen propia positiva y resplandeciente.

Saque el mayor provecho de los momentos intrascendentes

La clave para alentar a sus hijos, incluso en el peor de los momentos, consiste en darse cuenta de la importancia de los hechos simples y cotidianos que se ignoran con demasiada frecuencia.

Para ilustrar este punto observemos el caso de la Sra. A. y su hijo, Arnie. Los dos se incorporaban a menudo al campo de batalla.

Los padres de Arnie habían traído recientemente a casa a una nueva hermanita. Que esto pase una vez ya es bastante malo, pero ésta era la segunda oportunidad en que Arnie tenía que pasar por este desagradable cambio en su vida. Sus padres estaban dejando de "pertenecerle", ya que habían traicionado de esa forma tan clara a su primogénito.

A medida que las peleas entre Arnie y su madre iban incrementándose, la Sra. A. estaba cada vez más convencida de que debía encontrar un modo de cambiar las cosas. Un día, tras haber recibido mucho apoyo y aliento de otros padres del grupo al que asistía, se decidió. Le prestaría a Arnie el tipo de atención que él necesitaba para sentirse realizado y bien consigo mismo. Decidida a no dejar pasar ninguna oportunidad, pensó en toda una variedad de cumplidos que le podía dedicar a Arnie apenas éste volviera de la escuela. Así transcurrió la tarde.

Pasadas las tres, la Sra. A. oyó el sonido familiar de la puerta trasera al abrirse y observó cómo Arnie pasaba por su lado, cogía un puñado de galletas y se dirigía directamente al televisor.

"Arnie, yo también quiero galletas", gritó su hermanita de tres años, mientras trataba de darle la bienvenida. "Mami, Arnie tiene galletas y yo no." De mala gana, Arnie le dio una galleta de la bolsa, diciendo: "Cállate, no puedo escuchar la televisión". Cambió el canal en el que su hermana estaba viendo "Barrio Sésamo" (sabía que a ella no le importaría) para ver su programa favorito de dibujos animados. Cuando se dejó caer cómodamente en el sillón, sonó el teléfono y, para poder estar tranquilo, Arnie levantó el auricular y llamó a gritos a su madre, quien estaba sólo a unos metros de él. Finalmente, ahora podría disponerse a disfrutar de su tiempo libre, mientras acariciaba al perro.

A pesar de ser un día bastante rutinario, para la Sra. A. se convirtió en un verdadero desafío. ¿Dónde podía encontrar esas oportunidades simples y naturales para generar la autoestima de su hijo? Esperaba que Arnie le mostrara un dibujo para poder compararlo con otro de Picasso o alguna tarea escolar para poder alabar su buen trabajo. La Sra. A. se sentía desilusionada; a decir verdad, aquella tarde no se había producido ningún hecho que mereciera ser elogiado. Para ser más exactos, si no hubiera sentido la necesidad de expresar su cariño o de tener una actitud positiva hacia Arnie, hubiera descubierto algunos elementos levemente irritantes en su actitud.

"¿Qué se supone que debí haber dicho?", le preguntó al grupo, cuando relató lo sucedido.

"Me encantó la manera como arramblaste todas las galletas."
"Es fantástico lo que hiciste cuando cambiaste el canal que estaba viendo tu hermana y te lanzaste sobre el sillón."
"Sobre todo me gustó especialmente que decidieras ir hacia el televisor y no consideraras la posibilidad de hacer los deberes asignados por tu maestra."

Puesto que la Sra. A. no podía encontrar nada positivo o alentador que decirle a Arnie, decidió no decir nada. Fue el primer paso hacia la dirección correcta. Gracias al hecho de reprimir su impulso de prestar atención especial a las cosas molestas que ocurrían a diario, la Sra. A. empezó a destinar más energía a la búsqueda de oportunidades para alentar a su hijo, en vez de responder a las actitudes de él que la irritaban. No obstante, el problema no se solucionó. No encontró la oportunidad de realizar un comentario elogioso.

La Sra. A. debía aprender las técnicas que le ayudaran a encontrar algo positivo en todo momento. Así es como ella, o usted, podría haber creado un elogio, como un mago saca un conejo de la chistera. Pudo haber comenzado utilizando la técnica básica para detectar los aspectos positivos:

Disfrute de su hijo tal como es

"¡Qué ganas tenía de verte. Me alegras el día!", mientras coloca el brazo alrededor del hombro de su hijo.

El primer paso consiste en dejar de esperar que su hijo haga algo que valga la pena elogiar, que actúe de forma desalentadora o que solicite específicamente algún tipo de aliento con preguntas como "¿Has visto hasta dónde lancé la pelota?", o "¿Te gusta mi proyecto?" Puede comenzar en cualquier momento, aunque no haya nada que resaltar en la labor del niño, mediante algo sencillo. Comience por demostrarle a su hijo que usted disfruta incondicionalmente por ser él como es. El no tiene que hacer nada en especial para que usted albergue ese sentimiento hacia él, no debe presentar características determinadas ni actuar de una u otra forma.

Muchos padres brindan este aliento incondicional de forma bastante natural durante las mañanas, antes de que aparezcan indicios de problemas, o en el momento de irse a la cama, cuando abrazan a ese niño angelical y tierno. No se limite en esos casos. Sea creativo y utilice esta forma de aliento a lo largo del día, cuando su hijo menos lo espera.

No obstante, es importante ser sincero. En muchas ocasiones usted no disfruta estando con su hijo. De hecho, hay veces en que siente que él lo saca de sus casillas. Estos no son los momentos adecuados para brindar aliento. Espere a que llegue la ocasión en la que pueda decirle algo positivo ¡y sentir que lo hace de corazón!

Utilice estas cinco frases para disfrutar de su hijo:

"Me alegro mucho de verte."

"Hoy he disfrutado mucho de los momentos que hemos pasado juntos."

"Hola, campeón." (O cualquier apelativo que se avenga al caso.)

"Que pases un buen día." (Una nota que él se encontrará al abrir la caja en la que usted colocó su almuerzo.)

"Tengo ganas de abrazarte." (Mientras lo abraza por sorpresa.)

La segunda forma en que la Sra. A. podría haber sacado el mayor provecho de un momento intrascendente hubiera sido utilizando la siguiente técnica:

Destaque una situación cotidiana

"Arnie, a B. J. le encanta cómo le acaricias el lomo. Tú si que sabes cómo tratarlo."

Al igual que la Sra. A., muchos padres esperan que surja una situación ideal para poder elogiar a sus hijos. En muchas ocasiones, ese momento nunca llega. Entonces, ¿qué hacer? Quisiéramos sugerir una alternativa.

Elija un momento intrascendente del día y destáquelo.

¿Existe alguna situación más intrascendente que la de Arnie acariciando al perro? Si las hay, serán pocas. Sin embargo, esta ocasión tan fácil de pasar por alto es una buena oportunidad para fomentar la autoestima. Como pueden ver, al comenzar a destacar los hechos cotidianos podrán encontrar situaciones de elogio en cualquier oportunidad. Hay muchos momentos aparentemente insignificantes a lo largo del día para poner en práctica esta técnica. Por ende, ésta es una fuente valiosa e ilimitada para brindar aliento a su hijo.

Los siguientes son otros tres ejemplos de cómo destacar una situación cotidiana.

"Hoy has elegido bien tu almuerzo."

"Has hecho bien al decidirte por esa ropa. Así te mantendrás abrigado."

"¡Qué limpios están tus dientes! Se nota que te los cepillas muy bien."

Una tercera técnica, fácilmente ignorada, para elevar la autoestima es:

Agradezca la ayuda que le brinda su hijo

"Gracias, Arnie, por coger el teléfono."

Si bien a los padres les parece muy natural demostrar su agradecimiento cuando los niños los ayudan, este tipo de aliento se olvida con facilidad si la ayuda no se corresponde exactamente con lo que los padres tienen prefijado. Si la Sra. A. hubiera estado alerta, podría haber dicho:

"A Jennifer le ha gustado la galleta que le has dado. Gracias por compartirlas con ella."

Adviertan que la Sra. A. hubiera seguido ignorando los aspectos irritantes del caso, olvidando que Arnie tenía cinco galletas para él solo y que había cambiado el canal que estaba viendo su hermana.

Ahora bien, puede ser que este último comentario le parezca demasiado forzado; quizás usted no logre hacer brotar de su boca ese tipo de palabras. De ser así, no las pronuncie. Hay muchas otras opciones a lo largo del día. Recuerde, es importante que sea sincero consigo mismo. Tampoco deje pasar una buena oportunidad para demostrar agradecimiento a su hijo, aunque su comportamiento global no le encante precisamente.

Estos son otros tres ejemplos sobre cómo agradecer la ayuda que le presta su hijo:

"Gracias por haber limpiado tu taza sucia."
"Sin tu ayuda no hubiese podido limpiar este cuarto."
"Gracias por recordarme que debía apagar el horno."

Cuando le demuestra a su hijo su agradecimiento incluso en circunstancias poco menos que ideales, induce a que él se sienta una persona que presta cooperación. Comienza a reconocer y a valorar su capacidad de cooperar, y además aprende a reconocer esta capacidad en los demás.

Estas tres técnicas (disfrutar de que su hijo sea como es, destacar una situación cotidiana y agradecer la ayuda que le brinda su hijo) pueden ayudarle a fomentar la autoestima en cualquier circunstancia. Al enfatizar los aspectos positivos, ofrece a su hijo el mejor tipo de aliento que existe, el que le dice: "Eres sensacional tal como eres".

Posiblemente, lo más importante de enfatizar lo positivo de su hijo es que, al hacerlo, usted también está identificando sus propios aspectos positivos. No sólo está elevando la autoestima de su hijo, sino la suya como padre o madre. Esto prepara el escenario para una relación menos conflictiva y de mayor proximidad, en la que tanto usted como su hijo puedan comprender y respetar los sentimientos del otro. Al empezar a poner en práctica estas técnicas, puede que se sienta usted poco espontáneo. Pero al poco tiempo estará viendo a su hijo de una manera más global y completa. Estará enseñándole a él —y a usted mismo— dos lecciones muy importantes: a ver y a creer en la gran cantidad de cosas positivas que hace su hijo que anteriormente le pasaban por alto, y a dejar de acentuar los errores y los problemas y conducir ese esfuerzo hacia el reconocimiento de las cualidades aceptables y gratas que tiene su hijo.

No olvide lo siguiente

1. No espere a que se presente algo "que valga la pena elogiar" para alentar a su hijo. Utilice los momentos cotidianos, sencillos y fáciles de ignorar, para elevar su autoestima.

2. Aprenda a cambiar su propia perspectiva y a utilizar su vista y sus oídos para encontrar pequeños indicios que ayuden a elevar la autoestima, en vez de destacar pequeños problemas.

3. Saque el mayor provecho posible de los momentos intrascendentes utilizando estas tres técnicas de comunicación:

   - *Disfrute de su hijo tal como es.*

   - *Destaque una situación cotidiana.*

   - *Agradezca la ayuda que le brinda su hijo.*

Consejo práctico

Escuche y comprenda a sus hijos para que ellos no se alejen de usted

En vez de empeñarse tanto en que sus hijos comprendan qué es lo que usted les está diciendo, esfuércese por comprender y reconocer qué le dicen ellos a usted.

Cuando empecemos a prestar mayor atención a la autoestima de nuestros hijos, es probable que nos volvamos más sensibles en aquellas ocasiones en que nuestros hijos se sienten desalentados. Queremos hacer lo que esté a nuestro alcance para que vuelvan a sentirse bien, particularmente cuando pronuncian frases como:

"Nunca seré un buen deportista."
"No soy tan bonita como Susie."
"No tengo ningún amigo."

La mayoría de los padres intentan reducir al mínimo los sentimientos negativos del niño destacando sus cualidades positivas.

"Pues claro que serás un buen deportista. Eres un buen jugador de fútbol."
"¡Ya lo creo que eres bonita; para mí, eres muy hermosa!"
"Sí que tienes amigos. La semana pasada Matt te invitó a jugar a su casa."

Pero muchas veces estas respuestas bien intencionadas sólo consiguen que el niño desee entablar una discusión. Cuanto más intente el padre señalar los aspectos positivos, más se aferrará el niño a los negativos. En vez de empeñarse tanto en que sus hijos comprendan y acepten lo que usted les dice, trate de comprender y aceptar lo que ellos le están diciendo.

175

El siguiente ejemplo ilustra la frase anterior.

Josh era todo un profesional en lo que se refiere a criticarse duramente, y el Sr. y la Sra. B. se esforzaban en tratar de convencer a su hijo para que no tuviera esos sentimientos negativos. Pero cuanto más elogiaban a Josh y le demostraban lo bueno que era, él más se desvalorizaba. El Sr. y la Sra. B. querían ayudar a Josh a tener más confianza en sí mismo, pero observaban que sus esfuerzos no conducían a nada.

Una noche, mientras el Sr. B. charlaba con Josh acerca de sus deberes de matemáticas, este problema quedó de manifiesto.

JOSH: Nunca podré terminar estos deberes de matemáticas.
SR. B.: Claro que podrás.
JOSH: ¿Por qué no seré tan inteligente como mi amigo Eddie? El terminó los deberes en la escuela.
SR. B.: Eso no es cierto. Tú eres inteligente. Mira qué buenas calificaciones has obtenido.
JOSH: Pero papá, los otros niños son mejores que yo en matemáticas.

Como pueden observar, estos intentos por alentar y aumentar la autoestima de Josh chocaban con su determinación para demostrar que tenía razón. Tras esta conversación, llena de idas y vueltas, tanto Josh como su padre se sintieron frustrados. El Sr. B. no estaba dispuesto a aceptar la opinión de Josh, y Josh sentía que su padre no lo comprendía.

Los padres de Josh pensaban que aquello no tenía sentido. Incluso si era Josh quien ganaba la batalla, se retiraba como el perdedor. El chico se estaba desvalorizando mucho. Sus padres querían saber cómo aupar la baja autoestima de Josh.

En primer lugar, el Sr. B. debía dejar de tratar siempre de alentar a Josh. En vez de pretender que Josh se sintiera mejor, necesitaba calmarse y escucharlo. El Sr. B. podría haberle demostrado su apoyo del siguiente modo:

JOSH: Nunca terminaré estos problemas de matemáticas.
SR. B.: Debe de ser muy duro eso de tener que realizar tus deberes de matemáticas para mañana.

JOSH: ¿Por qué no puedo ser tan inteligente como mi amigo Eddie?

SR. B.: Estás enfadado porque Eddie terminó sus deberes en la escuela y tú tuviste que traerlos a casa.

Estas pocas palabras:

"Debe de ser muy duro eso de tener que realizar tus deberes de matemáticas para mañana"
"Estas enfadado porque Eddie terminó sus deberes en la escuela y tú tuviste que traerlos a casa"

ilustran dos técnicas importantes.

Identifique el sentimiento

Esta es la mejor manera de hacerle saber a su hijo que usted lo comprende. Muchos padres conocen esta técnica con otra denominación, "escucha activa", desarrollada por Thomas Gordon en su libro *Parent Effectiveness Training*. La idea consiste en repetir lo que siente el niño, de modo que éste se sienta escuchado.

Defina el hecho específico

Hemos agregado un cambio significativo a la técnica de escucha, que consiste en señalar el hecho en particular que está desalentando a su hijo, en vez de repetir simplemente lo que él siente, o de acompañarlo en su sensación generalizada de subvaloración.

Así es como podríamos desglosar las hipotéticas respuestas del Sr. B.:

"Debe de ser muy duro (Identifique el sentimiento.)
eso de tener que hacer tus deberes de matemáticas para maña-na." (Defina el hecho específico.)
"Estás enfadado (Identifique el sentimiento.)

177

porque Eddie terminó sus deberes en la escuela y tú tuviste
que traerlos a casa." (Defina el hecho específico.)

Como ven, el Sr. B. no debe permitir que Josh se sienta
"estúpido" en términos generales. Puede identificar los sentimientos de Josh en relación con una dificultad en particular.
Esto es sumamente importante. Así es como los niños como Josh
desarrollan un concepto sobre sí mismos a través de las genera-
lizaciones. No ven un obstáculo o una desilusión como si fuera
un problema que no pueden resolver. Se sienten totalmente
estúpidos y desarrollan una actitud que se manifiesta del
siguiente modo: "No puedo hacerlo". Este tipo de desaliento
generalizado, particularmente aplicado al aprendizaje, puede
convertir a la escuela en una fuente de problemas y ansiedades.
Por medio de la identificación del sentimiento y de la definición
del hecho específico usted, como padre, puede demostrarle a su
hijo que lo comprende, reduciendo el problema, que para él es
abrumador, a un hecho más llevadero. Esto no sólo le otorga a
su hijo la sensación de ser comprendido, sino que también le

enseña a situar las cosas en la perspectiva correcta, para poder proseguir a partir de aquí.

Un área importante en la que dichas técnicas evitan que los padres se conviertan en enemigos, y permiten que acaben siendo aliados, es la relación de los niños con sus compañeros habituales. A medida que los niños crecen, la relación con esos compañeros se torna la parte más importante y dolorosa de sus vidas. Por tanto, es natural que los padres deseen intervenir y apaciguar los sentimientos de sus hijos cada vez que pueden. Lamentablemente, estos intentos por lo general dejan a los padres estupefactos cuando sus inconsolables hijos les responden con comentarios del calibre de "Tú no comprendes".

El siguiente es un ejemplo de lo que queremos decir. La Sra. J. intentaba demostrarle a su hija, Lucy, que ella estaba de su lado, pero el intento degeneró en pelea.

Lucy trataba de tragarse las lágrimas mientras ella y su familia se dirigían a pie al festival de la escuela. La Sra. J. sabía por qué. Se debía a que Lucy, varios días antes, había invitado a su amiga Sara a que fuera con ella al festival. Lucy había estado llamándola todo el día para preparar el encuentro, pero Sara había salido y nunca respondía a sus llamadas. Finalmente Lucy consiguió hablar con el padre de Sara, quien le dijo que Sara había ido al festival con Joan. Lucy estaba muy dolida. "¿Cómo ha podido hacerme eso? Lo planeamos hace días. No tengo ninguna amiga."

Su madre se sentía herida por Lucy y enojada, en especial porque esta "amiga" ya le había hecho desplantes similares a Lucy en otras ocasiones. No podía tolerar ver a Lucy de ese modo y le dijo: "Oye, ¿Sara no te ha hecho lo mismo otras veces? Recuerda lo que sucedió la semana pasada. Iba a venir a dormir a casa y cambió de opinión a último momento. Amigas como ésas no valen la pena. Eres demasiado buena amiga para dejar que te traten de ese modo".

La Sra. J. expresó lo que sentía con mucho cariño, tomando a su hija por el hombro mientras caminaban. Lamentablemente, sus esfuerzos para consolar a Lucy sólo conseguían ponerla de peor talante y terminó siendo la depositaria de los sentimientos heridos de Lucy.

"Nos divertimos juntas, mamá. Me gusta estar con ella y a veces puede ser una buena amiga. Tú no la conoces bien. Tú no conoces a mis amigas. ¿Cómo puedes decir eso?"

La Sra. J. intentaba ser solidaria y a pesar de ello estaba a punto de iniciar un altercado con su hija. Lo que lo empeoró todo fue el hecho de que se sentían del mismo modo: heridas y enojadas por lo que había sucedido.

Ahora veamos de qué forma la Sra. J. podría haberle demostrado su comprensión a Lucy y cambiar sus sentimientos generalizados negativos acerca de sí misma, en busca de una situación específica.

"Estás muy enfadada con Sara (Identifique el sentimiento.) porque se fue sin ti." (Determine el hecho específico.)
"Estás preocupada (Identifique el sentimiento.) por no tener una amiga con quien estar en el festival." (Determine el hecho específico.)

En vez de echar más leña al fuego y de culpar a la otra niña, la Sra. J. podría haber resaltado cuáles eran los sentimientos de Lucy y ayudarla a redefinirlos. Podría haber transformado la generalización

"No tengo ninguna amiga."

en el sentimiento más específico y limitado

"Ya veo que estás verdaderamente enfadada con Sara."

A continuación observarán otros ejemplos que muestran cómo identificar el sentimiento y determinar el hecho específico:

Su hija acaba de cortarse el cabello y no deja de observarse en el espejo intentando "hacer algo" con él. Se la ve disgustada y dice:

"No soy bonita."

Usted puede decirle:

"Me parece que no te sientes a gusto (Identifique el sentimiento.)
con tu nuevo corte de pelo." (Defina el hecho específico.)

A su hija le encanta la gimnasia y quería estar en el grupo más avanzado, pero no la aceptaron. Dice:

"No soy buena en gimnasia".

Usted puede decirle:

"Pareces estar desilusionada (Identifique el sentimiento.) porque no te subieron al siguiente curso". (Defina el hecho específico.)

Su hijo acaba de entrar en casa cargado de libros y tiene una reunión en el club de boy-scouts dentro de una hora. Dice:

"Odio a mi maestra."

Usted puede decirle:

"Estás enfadado (Identifique el sentimiento.) porque hoy tu maestra te puso demasiados deberes". (Defina el hecho específico).

El objetivo es ayudar a su hijo a que modifique una sensación general de frustración sin desafiar sus sentimientos ni decir quién tiene razón y quién no. El niño aprenderá a seguir dicho rumbo y empezará a comprender sus sentimientos asociados a una situación específica y concreta.

Esta es una técnica de incalculable valor. Con ella, sentirse bien o mal se convierte en algo menos misterioso, menos arbitrario y fuera de control. Con esta técnica puede que usted no logre que su hijo se sienta un ciento por ciento mejor, pero le permitirá comprender con mayor facilidad sus sentimientos. Recuerde que cuando comience a escuchar y a comprender a su hijo, las oportunidades de que él también lo escuche aumentarán.

181

No olvide lo siguiente

1. No se precipite a tratar de aliviar los sentimientos de su hijo, cada vez que éste se sienta desanimado.

2. Enfatice el hecho de demostrarle a su hijo que usted comprende lo que siente, en vez de intentar transmitirle sus sentimientos bien intencionados.

3. Consiga que su hijo comprenda mejor lo que siente al convertir un sentimiento generalizado en uno más particular y relacionado con un hecho específico.

4. Utilice las siguientes técnicas de comunicación para que su hijo perciba que usted lo comprende:

   - *Identifique el sentimiento.*

   - *Defina el hecho específico.*

Consejo práctico

Ponga en evidencia
lo que es evidente

En vez de centrarse en el potencial de su hijo, hágalo en sus logros actuales e irrefutables; describa qué es lo que opina de ellos y recuerde sus logros pasados, que ya forman parte de su joven acervo.

¿Qué sucede en aquellas situaciones en las que usted desea hacer algo más que elevar la autoestima de su hijo, y comprender y respetar sus sentimientos? Afortunadamente, usted ya ha dispuesto el escenario, pues hasta los niños que son difíciles de alentar se vuelven más receptivos cuando les demostramos que podemos reconocer y comprender sus sentimientos. Ahora está en condiciones de alentarlo de manera que él no pueda rechazarlo.

Este es el caso de un padre, el Sr. O., que dejó de ser el objeto de los sentimientos de frustración y enfado de su hija, para pasar a ser un padre que le brindaba apoyo y que se encontraba en la posición perfecta para elevar su nivel de confianza, incluso a pesar de ella misma.

Heather, una niña vivaz y entusiasta, generalmente lograba enfrentarse con éxito a sus desafíos. Esto fue así hasta que se inscribió en el equipo de baloncesto y jugó su primer partido. Como le sucedía en otras áreas, suponía que en esta también le iría muy bien, pero se llevó una sorpresa. Ni siquiera podía sostener la pelota, y menos aún encestarla. Sus padres tuvieron la tentación de contarle cómo su primo David había logrado mejorar su juego poco tiempo después de comenzar en el baloncesto. Estaban seguros de que a ella le sucedería lo mismo. No obstante, tras observar el rostro desilusionado de su hija, desecharon la idea. En vez de ello, el padre sugirió que practicaran juntos durante el fin de semana.

Heather estaba convencida de que ni siquiera podía lanzar

la pelota. Su padre hubiese jurado lo contrario. Cada vez que el Sr. O. le decía lo bien que lo estaba haciendo, Heather refutaba sus elogios.

SR. O.: Serás una gran jugadora de baloncesto.
HEATHER: No, no lo soy.
SR. O.: Sí que lo eres. Tienes muy buena coordinación.
HEATHER: Eso es lo que dices tú.

El Sr. O. advirtió rápidamente que esto no lo conducía a ninguna parte. Aplicó algunas técnicas nuevas que había aprendido recientemente en nuestro grupo para padres y obtuvo la atención de su hija con el siguiente comentario:

"En realidad estás desanimada por la forma como has jugado esta tarde." (Identifique el sentimiento y defina el hecho específico.)

Pero el Sr. O. consideró que hacía falta algo más. Quería dar a su hija un motivo de aliento que ella no pudiera refutar. Estaba preparado para emplear otras técnicas. Como pudo observar al poco tiempo, la clave para infundir ánimo de forma incuestionable consiste en dejar de centrarse en el potencial del niño y, en cambio, evocar sus logros presentes y pasados.

El Sr. O. podría haber empleado dos técnicas tan alentadoras como indiscutibles.

Describa una acción

Podría haber reemplazado el comentario

"Serás una gran jugadora de baloncesto"

con comentarios como:

"¡Qué bien me has lanzado esa pelota!".
"Has hecho tres fintas seguidas".
"Has interceptado la pelota la primera vez que te la he lanzado".

Cuando su hijo se resiste a recibir aliento, puede usted emplear una técnica que describa todas las pequeñas acciones que usted observa, sin agregar ningún juicio de valor. Las exclamaciones como "maravilloso", "sensacional" y "¡qué bien!" son alentadoras de por sí y muchos niños se sentirán felices cuando usted las emplee. Pero si, como en el caso de Heather, su hijo tiene dificultades para admitir elogios, utilice únicamente expresiones que describan la acción, sin evaluarla.

Es posible que un niño discuta el comentario:

"Serás una gran jugadora".

Pero de ningún modo podrá contradecir lo siguiente:

"Has interceptado la pelota la primera vez que te la he lanzado".

El segundo elemento para brindar aliento a Heather que el Sr. O. pudo haber utilizado es la técnica

"¿Recuerdas cuando...?"

"¿Recuerdas cuando aprendiste a andar en bicicleta? Al principio te caías, no podías mantener el equilibrio, y en cuestión de días pudiste hacerlo sin problemas."

El Sr. O. podría haberle recordado a Heather sus logros del pasado para darle ánimos. Los niños cuentan con un depósito pleno de metas logradas. Lamentablemente, muchos de ellos —y también muchos padres— les dan poco valor. Cuando los padres comienzan a preocuparse para que a sus hijos les vaya mejor, se olvidan de la importancia de señalar aquello en lo que los chicos ya han tenido éxito. Si su hijo está insatisfecho por lo poco que progresa en este momento, usted puede recurrir a sus pequeños logros del pasado para levantarle el espíritu.

No hay ninguna garantía de que Heather domine el baloncesto como lo hizo con la bicicleta, pero éste no es el caso que estamos tratando. El verdadero objetivo de la técnica "¿Recuerdas cuando...?" es el de dejar fluir los recursos internos del niño por medio del recuerdo de sus logros anteriores.

Un niño puede aceptar con facilidad tanto una como otra forma de aliento porque ambas son sinceras. Y lo que es aún más destacable es que estos comentarios no generan expectativas respecto de la gestión futura del niño. *Usted está realizando un comentario acerca de lo que ocurre o de lo que ocurrió, no de lo que podría ser, y ése es un excelente punto de partida.*

Hagamos una breve revisión de estas técnicas. En primer lugar, cómo describir la acción.

Su hijo, de seis años de edad, se acerca a usted muy frustrado porque no pudo nadar todo el largo de la piscina. Usted podría decirle:

"Pero has dado cinco brazadas bajo el agua sin haber tenido que sacar la cabeza de la piscina para respirar".

Y si realmente él está desesperado, podría decirle:

"La posición de tus manos era la correcta y tus brazadas te han hecho avanzar".

O, si su hijo le está demostrando que es capaz de hacer un salto mortal, podría decirle:

"Tus piernas estaban perfectamente estiradas cuando apoyabas los pies en el suelo".

Si está verdaderamente desesperado, podría decirle:

"Has tomado un gran impulso con las manos y se te veía muy seguro cuando hacías el salto mortal".

Supongamos que, armado de una estoica valentía, usted está escuchando cómo su hijo practica con su instrumento musical. Mientras escucha los chirridos que produce, puede decirle:

"Creo que has realizado la digitación correcta al tocar las notas graves".

Si se siente verdaderamente desesperado, puede decirle:

"¿Has tenido que hinchar mucho los pulmones de aire para obtener esos agudos del clarinete?".

Ahora pasemos a los comentarios que comienzan con la frase

"¿Recuerdas cuando...?".

"Recuerdo cuando la semana pasada te sentías tan frustrado intentando aprender a deletrear, y lo lograste en sólo tres días."
"Recuerdo cuando creías que nunca aprenderías a nadar sin flotadores y en un solo verano no sólo aprendiste a nadar, sino que ya te lanzabas desde el trampolín."
"¿Recuerdas el primer día que fuiste a la clase de párvulos y tenías miedo porque no conocías a nadie? Hiciste muchos amigos y ya no sentiste más temor."

Agregando estas dos técnicas a su repertorio, usted puede comenzar a fomentar la visión de futuros logros y la autoestima de su hijo. Pero no se limite a utilizarlos cuando él se sienta desanimado. Estas técnicas son igual de eficaces cuando el niño se siente a gusto con sus propios logros. En vez de limitarse a los comentarios tradicionales del tipo: "¡Qué maravillosa redacción has escrito!", "¡Vaya unas notas tan sensacionales que te dieron en esa asignatura!", "¡Has estado extraordinario en el partido!", puede utilizar otra forma de aliento que le enseñará, tanto a usted como a su hijo, a identificar acciones específicas de modo que ambos puedan saborear el momento presente y recordar éxitos pasados.

No olvide lo siguiente

1. Cuando su hijo se sienta desanimado, no lo abrume con comentarios alentadores acerca de su potencial.

2. Utilice los logros del pasado para ayudar a su hijo a sentirse bien respecto del presente. Los niños cuentan con un depósito lleno de logros y recursos del pasado, a los que pueden recurrir para animarse.

3. Tenga presente que puede brindarle a su hijo una sensación de éxito, y recibir por su parte una respuesta honesta.

4. Utilice las siguientes técnicas de comunicación para poner en evidencia lo que es evidente:

   - *Describa una acción.*

   - *"¿Recuerdas cuando...?"*

Consejo práctico

Tenga en cuenta los pequeños éxitos que va logrando su hijo a lo largo del camino

Es correcto alabar los buenos resultados; de cualquier forma, multiplique usted las tareas encomendadas a su hijo para fomentar su autoestima, y destaque la gran cantidad de pequeños logros que él consigue al realizar una tarea.

Ahora que ha aprendido a alentar a su hijo como un mago que saca un conejo de la chistera, a demostrar apoyo y comprensión y a animarlo de modo que él no pueda negarse, ya está listo para centrarse en los cuatro factores adicionales de la autoconfianza, factores que dejan a un lado los resultados, subrayando los pequeños logros. Pero primero queremos señalar qué es lo que no debe hacer. Ya que lo que con frecuencia obstaculiza la mejora de la autoestima del niño es el esfuerzo que hacen sus padres por perfeccionar a sus hijos.

A continuación presentamos un relato en el cual un padre bien intencionado, el Sr. F., quiso ayudar a mejorar a su hijo Sam de tal modo que terminó siendo un factor de desaliento para el chico.

Era el partido clave de la liguilla para Sam. Estaba empezando a sentirse cómodo con el resto de sus compañeros de equipo y con los otros padres que actuaban como entrenadores. Los padres de Sam estaban sentados en el césped junto a los demás padres. Al comienzo, el Sr. F. se comportó excelentemente. Le daba a su hijo el máximo apoyo y aliento. Vitoreaba cuando correspondía y se mostraba realmente interesado.

Cuando el equipo de Sam salió al campo de juego en la tercera entrada, a Sam lo situaron en la tercera base, y él estaba encantado por ello. Hasta ese momento, Sam ocupaba un lugar tan alejado en el campo de juego que prácticamente no sabía cómo transcurría el partido. Su padre, que era zurdo, al igual que Sam, no estaba tan encantado. "Sam es zurdo. Nunca se sitúa a un zurdo en la tercera base, porque así se coloca en desventaja", le dijo a su esposa.

Entonces, el Sr. F., con el deseo de ayudar a Sam a sacar el mejor provecho de una situación difícil, corrió hasta la tercera base y corrigió un poco la posición de Sam para compensar el hecho de que fuera zurdo. De hecho, corrió tres o cuatro veces su posición durante esa entrada y le dio a Sam algunos consejos. Ahora bien, el Sr. F. no era uno de esos padres agresivos, con mentalidad de deportista, y su objetivo no era el de que su hijo llegara a ser un campeón. Solamente quería que él jugara lo mejor posible y no se sintiera frustrado. Quería que Sam disfrutara del partido.

El Sr. F., con la mejor de las intenciones, estaba haciendo lo que hacen muchos padres. Estaba tratando de transmitirle a su hijo una sensación de éxito y de logro corrigiéndolo, diciéndole: "Si lo haces así, en vez de la manera en que lo estás haciendo, obtendrás mejores resultados". Evidentemente, éste es un enfoque que incrementa al máximo la importancia del resultado final: ser un buen jugador de tercera base.

¿Qué hay de malo en ello? ¿Acaso en ocasiones no es bueno dar un consejo? Sí, pero los consejos y las correcciones deben dosificarse en porciones que disminuyen a medida que el niño demuestra una mayor independencia. Cuando los padres ofrecen ayuda en forma crónica, una ayuda dirigida a obtener un buen resultado, les están robando a sus hijos la sensación de éxito que intentan lograr por sus propios medios. Les están robando la sensación de orgullo para que puedan lograr independientemente la motivación necesaria para creer en sí mismos.

Los niños reciben menos aliento de nuestros "útiles" consejos que lo que nosotros desearíamos. Eso es un hecho. Y créase o no, la mejora viene con el tiempo naturalmente. ¿Qué podría haber hecho, en cambio, el Sr. F. o cualquier otro padre?

Podría haber comenzado por convertir muchos de aquellos comentarios destinados a corregir tal o cual posición de su hijo en comentarios que le brindaran aliento. Podría haber ofrecido el tipo de aliento que no está orientado únicamente hacia el resultado final, tan sólo con haber cambiado el enfoque que se centraba en un buen trabajo en aras de un buen resultado, por un buen trabajo cualquiera que fuese el resultado. Podría haber enfatizado las siguientes cuatro áreas:

- esfuerzo y mejora
- capacidad para la resolución de problemas
- actitud
- intención

y Sam hubiera aprendido a valorar sus pequeños éxitos logrados a lo largo de su andadura vital.

Concéntrese en el esfuerzo y en el progreso

En primer lugar, relataremos el caso de una madre, la Sra. U., y su hijo Jonathan, ambos tan preocupados por obtener un buen resultado final que no vieron las oportunidades de incentivar esa acción que tenían frente a sus ojos.

La Sra. U. sabía que Jonathan no estaba conforme con su labor en la escuela. Tampoco lo estaba ella, pero aprendió rápidamente que el incentivo era el mejor elemento motivador para Jonathan, y ponía todo su empeño en brindárselo. Una tarde que permanecerá para siempre en su recuerdo, encontró a Jonathan sentado a la mesa de la cocina con los libros abiertos, masticando una goma de borrar y con la mirada perdida en el vacío. Sintió la tentación de sentarse a su lado y asegurarse de que comenzaba a realizar sus deberes; Jonathan, por supuesto, le pedía insistentemente que lo hiciera.

"Mamá, mañana tengo examen parcial de ciencias sociales y no entiendo bien los temas que debo estudiar. ¿Podrías ayudarme?"

"Por supuesto", respondió automáticamente la Sra. U.

Se sentó a su lado y comenzó a trabajar laboriosamente junto a él. Tras quince minutos, la Sra. U. se sentía tan desanimada como su hijo respecto a la posibilidad de que sacara una buena calificación en el examen. Ninguno de los dos consideraba que hubiese motivos para sentirse animados.

Lo que Jonathan y su madre estaban haciendo era concentrarse con mucha atención en el resultado, o sea, la calificación del examen. ¿Pero acaso no era ése el objetivo? No, no necesariamente. Tanto la Sra. U. como Jonathan debían limitar un poco sus expectativas. La Sra. U. podría haber cambiado su enfoque y, a la vez, ayudar a que Jonathan cambiara el suyo. Podría haber configurado una perspectiva general de la cuestión.

Toda meta requiere completar una serie de etapas. Cuando los padres o los hijos quieren aprobar un examen con un 10, por ejemplo, pierden la noción de las etapas necesarias para prepararse de cara al examen, como la organización del trabajo, el establecimiento de prioridades y las capacidades de automotivación y autodisciplina. Al considerar los componentes para alcanzar un objetivo, es sencillo sopesar la importancia de las etapas que lo componen. La calificación, ya sea un 10 o un 4, pronto quedará en el olvido, mientras que los métodos empleados para obtenerla le servirán de ayuda al niño en cualquier aspecto de su vida.

La Sra. U. debía comenzar a tener en cuenta los pequeños éxitos logrados a lo largo de la andadura para que Jonathan se pudiera sentir incentivado, aun cuando los resultados no fueran los que él esperaba. Su madre no podía saber si Jonathan obtendría una buena calificación en el examen del día siguiente, pero en vez de esperar el resultado y de centrarse exclusivamente en obtener una buena nota, podría haber realizado comentarios acerca del empeño que Jonathan aplicaba al estudio. Podría haber destacado cuánto había mejorado su deseo de afrontar el trabajo.

"Me he dado cuenta de lo mucho que has mejorado en tu capacidad de concentración. Hemos estado trabajando juntos durante más de 30 minutos sin parar." (Céntrese en el esfuerzo y en el progreso.)
"Me da la impresión de que estás esforzándote mucho y que buscas el tiempo necesario para responder a las preguntas

que figuran al final del capítulo." (Concéntrese en el esfuerzo y en el progreso.)

De este modo, Jonathan se hubiera sentido incentivado para afrontar las etapas que lo conducían hacia su meta, cualquiera que hubiese sido el resultado final.

Hay una innumerable cantidad de oportunidades en las que usted podrá realizar comentarios acerca del esfuerzo y del progreso de su hijo. A medida que va dejando de centrar su atención únicamente en el resultado final, recuerde que lo importante es ser lo más específico posible, para que su hijo pueda experimentar realmente un sentimiento de logro y apreciar por sí mismo cuánto ha mejorado.

Estos tres ejemplos siguientes muestran cómo concentrarse en el esfuerzo y en el progreso de su hijo:

"Has mejorado mucho en lengua; me doy cuenta por la forma en que progresó tu caligrafía".
"Te has esforzado en elegir colores que combinen para realizar el collage en tu clase de arte".
"Has progresado mucho en tu tejido. Ahora ya puedes acabar una hilera entera sin ninguna ayuda".

Concéntrese en la capacidad para resolver problemas

Además de centrar su atención en el esfuerzo y en el progreso, puede usted ampliar su capacidad de fomentar la autoestima concentrándose en la capacidad de su hijo para resolver problemas y en las ideas que a él se le ocurren. Una madre que asistía a uno de nuestros talleres relató muy orgullosa cómo consiguió ampliar su capacidad para incentivar a su hija. Este es un perfecto ejemplo de lo que queremos demostrar.

Era la tarde del 13 de febrero y Judy estaba haciendo lo mismo que millones de otros niños de Estados Unidos de Norteamérica: construía una caja para colocar sus tarjetas del día de San Valentín. Quería decorarla con purpurina, pero a su madre no le apetecía conducir quién sabe adónde, en busca de una tienda que estuviera abierta. Tras un par de intentos por obtener la purpurina, Judy se había conformado cortando y pegando su caja. Una hora más tarde, mostró a su madre una maravillosa caja que brillaba igual que si hubiera empleado la purpurina que tanto quería. Había pegado cereal en la caja y luego la había pintado con pintura dorada que había quedado de un trabajo de su hermano. ¡Qué "brillante" oportunidad para su madre, para elogiarla por su ingeniosa idea!

"Qué gran idea tuviste para darle ese aspecto a tu caja. ¡Eres muy hábil, de verdad!" (Concéntrese en la capacidad para resolver problemas.)

La madre también podría haber elogiado el producto diciendo: "La caja está fabulosa". No hay nada malo en reconocer un buen producto, pero al realizar un comentario sobre la capacidad de Judy de resolver un problema, ella destacó, además, el valor de ser ingenioso.

El siguiente es otro relato de una niña que, sin duda, fue incentivada para resolver problemas. Su madre, la Sra. R., pensó que había llegado demasiado lejos, pero nadie podía negar que su hija alcanzó por sus propios medios una solución.

Emily, una niña que tenía el encanto suficiente como para lograr lo que quisiera de quien ella quisiera, albergaba una energía sin igual. Como comenta humorísticamente la Sra. R., "Con Emily, nadie se aburre ni un segundo". Una tarde, Emily quería tomar helado. En casa no había, pero la Sra. R. lo tenía anotado en su lista de compras y había planeado comprarlo al día siguiente. Cuando Emily se enteró, no se quejó. De hecho, no dijo nada más al respecto. Sólo desapareció. Obviamente, su madre pensó que lo había olvidado. En cambio, Emily recurrió a su hucha, tomó un dólar y se encaminó a la casa del vecino. "¿Puedo comprarle un poco de helado? Aquí tengo un dólar." El vecino rió, le dio helado a Emily y no quiso aceptar el dinero. Emily estaba encantada. Aún tenía el dólar y ahora el helado, por añadidura.

La mayoría de los padres estarán de acuerdo en que Emily era una niña ingeniosa y decidida. Tiene un verdadero espíritu empresario, del tipo que tantas veces nos falta a nosotros, los adultos.

Y a veces quizá nos sintamos avergonzados por tener comportamientos "no tradicionales", como le ocurrió a la madre de Emily.

La Sra. R. sabía que debía instituir algún tipo de límite y decirle a Emily que no volviera a intentar comprarle comida al vecino. Pero antes de corregirla, la elogió por haber ideado una estrategia para resolver un problema. "Debo admitir que fuiste muy ingeniosa, Emily. Ideaste una solución que a mí nunca se me hubiera ocurrido." Y lo decía en serio.

Como demuestra este caso, se pueden aplicar límites al comportamiento de un niño y, al mismo tiempo, incentivar su creatividad.

Esto nos lleva a un punto de suma importancia: habrá muchas ocasiones en las que haga falta corregir algo o establecer un límite. Pero si usted puede hacerlo agregando algunos comentarios que incentiven la autoestima, logrará dos cosas: que lo negativo no oscurezca lo positivo, y además incrementará la posibilidad de que su hijo pueda escucharla sin ponerse a la defensiva ni iniciar una disputa.

Tanto si hace esos comentarios y les añade observaciones destinadas a corregir el comportamiento de su hijo, como si los formula solos, no podrá pasar por alto la expresión de orgullo que se reflejará en el rostro del chico (o chica).

A medida que empiece a advertir que su hijo cuenta con capacidad suficiente para resolver problemas por sí solo, puede utilizar las siguientes frases para acrecentar su ingenio.

"¡Qué idea tan brillante!"
"Bien pensado."
"Realmente, has resuelto el problema."
"Esa idea me gusta."
"No puedo creer que se te haya ocurrido algo así."

Concéntrese en las actitudes

Otra pieza del rompecabezas de la autoestima es la capacidad de concentrarse en una actitud del niño. ¿Cuántos padres han observado cómo sus hijos han logrado mantener una actitud positiva a pesar de los resultados desalentadores de una situación determinada y sin embargo omitieron realizar un comentario sobre dicha actitud, aunque advirtieron, en cambio, cómo podría mejorar sus capacidades?

Es una lección dura de aprender, pero que comporta enormes beneficios. El siguiente es un ejemplo de cómo una madre pudo concentrarse en la actitud de su hija con el objeto de ayudarla a reducir la importancia de los errores y a valorar su empeño en cada tarea.

Vanessa estaba preparada para dar un recital de piano, como cualquier otra niña de corta edad. Estaba hermosa de la cabeza a los pies. Mamá, papá y la abuela, sentados entre el público, esperaban ansiosamente que Vanessa ejecutara su pieza de dos minutos y medio de duración. Cuando llegó su turno, ésta se sentó, colocó sus dedos sobre las teclas y comenzó a tocar. Al final, tuvo que repetir tres veces la obra desde el comienzo porque siempre cometía el mismo error. La madre, que era una excelente pianista, sentía un nudo en el estómago mientras movía sus dedos sobre un piano imaginario, completando la pieza. Al finalizar su actuación, tres minutos más tarde, lo que probablemente significó una eternidad para Vanessa, ésta se levantó, saludó al público y salió corriendo del escenario, ignorando el aplauso. Al finalizar el recital, sus padres la reconfortaron. Vanessa mostraba tristeza en su rostro; sus padres esgrimían sonrisas plenas de comprensión. Le dijeron:

"Te sientes mal porque has tenido que volver a tocar la obra desde el principio". (Identifique el sentimiento y ponga de manifiesto la situación específica.)

No podían ignorar el desaliento que sentía su hija. Vanessa era consciente de los errores que había cometido. Lo que también hicieron sus padres fue resaltar la actitud perseverante de Vanessa.

"Te admiro por haberte quedado en el escenario y acabado de tocar la canción, Vanessa. Esa perseverancia es digna de destacar." (Concéntrese en la actitud.)

Por tanto, aunque Vanessa se sentía mal por lo que había sucedido en el recital, aún podía agradecerle algo a la situación. Con ayuda de sus padres, podía verse a sí misma como una niña tenaz. Al haber elogiado su actitud perseverante, la madre de Vanessa le demostró que el resultado no es la única forma de valorar un trabajo bien hecho.

Si debe darle un consejo útil a su hijo, hágalo. Muchos padres no dejarían pasar una situación como ésta sin decirle:

"Mira, Vanessa, si eso te vuelve a ocurrir, sigue con la obra sin comenzar de nuevo desde el principio. Nadie se dará cuenta".

Este es un consejo razonable que le podría ser útil a Vanessa en el futuro. Pero si usted quiere aconsejar a su hijo, hágalo de tal forma que no empañe la buena actitud que el niño ha tenido. Y en sus sugerencias, agregue un comentario que elogie esa buena actitud.

Si piensa que es poco espontáneo centrándose en esa actitud, no se desanime. A veces los padres tienen más dificultades en expresar un comentario elogioso sobre un hecho determinado que sobre los resultados finales. Seamos sinceros, es mucho más fácil alabar algo en concreto, como una buena calificación o un gol desde veinte metros. Para ayudarlo a establecer y particularizar actitudes, le sugerimos cinco comentarios que se pueden aplicar a cualquier circunstancia.

"Me encanta tu actitud de ir siempre hacia adelante."
"Por cierto, tienes una actitud mental muy positiva."
"Admiro tu disposición para el aprendizaje."
"Me gusta tu actitud natural para prestar atención."
"Me alegro de que adoptes esa actitud frente a tantos cambios."

Concéntrese en la intención

Otra técnica que puede utilizar para reforzar la autoestima es concentrarse en la intención de su hijo. Por intención nos referimos al razonamiento, objetivo, o motivo inherente en la acción de su hijo. Todo padre sabe que hay infinidad de veces en que los niños, con la mejor de las intenciones, sólo obtienen resultados desalentadores.

Un ejemplo clásico es el de un niño que está ayudando a su madre o a su padre a lavar los platos y rompe uno. Esta es la historia que nos relató un padre, referente a esta cuestión.

Una noche, el hijo del Sr. G. se ofreció a ayudarlo a lavar los platos de la cena. Tras recuperarse del impacto inicial, el padre aceptó, agradecido. Joel abrió el grifo del fregadero de la cocina para llenarlo y luego, mientras iba al cuarto de baño, se distrajo frente al televisor. No hace falta adivinar qué ocurrió a continuación. El fregadero se desbordó. Joel no era ningún tonto. Apenas vio lo que había sucedido, comenzó a sacar el agua. Papá aprovechó esa oportunidad para reconocer su intención.

"Sé que realmente has querido ayudarme." (Concéntrese en la intención.)

Este padre tenía un gran sentido del humor, así que agregó:

"Mantendré esa idea en mi mente mientras chapoteo hasta que termines tu limpieza".

Este ejemplo refleja la oportunidad ideal para que un padre reconozca la intención de su hijo. De este modo, el Sr. G. restó importancia al resultado poco feliz y le demostró a Joel que había hecho algo positivo.

La intención es una gran fuente de incentivos, particularmente si uno se siente desesperado. El hecho de separar la intención del resultado final tal vez sea algo que a usted no le resulte fácil de recordar. Incluso existen grandes posibilidades de que ni siquiera piense en ello. Esto lo ayudará: cuando los resultados son desastrosos, puede concentrarse en la intención. En general, la intención del niño es positiva y usted puede capitalizar ese hecho reconociéndola.

Hasta ahora la mayoría de nuestros ejemplos han demostrado cómo incentivar a los niños cuando éstos se sienten desalentados. Pero no se limite en este punto. Estas formas de aliento son igual de efectivas y positivas cuando su hijo es feliz y ha hecho algo maravilloso.

Cuando él le muestre con orgullo las altas calificaciones que ha obtenido en un examen, a usted le resultará muy natural decirle:

"Veo que has puesto mucho empeño en esos exámenes. Sigue así". (Concéntrese en el esfuerzo y el progreso.)

O:

"Me ha gustado la forma como pudiste hacer coincidir tu partido de fútbol con la fiesta, para poder ir a los dos sitios". (Concéntrese en la capacidad para resolver los problemas.)
"Tu actitud audaz dio sus frutos. Te felicito por haber ganado la carrera de relevos". (Concéntrese en la actitud.)
"Veo que querías regalarle algo especial a tu hermana para su cumpleaños, y por la expresión de su rostro, no cabe duda de que lo has logrado". (Concéntrese en la intención.)

Al practicar estas técnicas incentivadoras, estará logrando dos cosas: en primer lugar, incrementará la cantidad de situaciones en las que podrá alentar a su hijo y elevar su autoestima. En segundo lugar, por medio del ejemplo, le estará enseñando a alentarse a sí mismo para emprender las etapas de consecuciones, que forman parte prácticamente de toda actividad. A medida que continúe destacando los pequeños logros que tal vez su hijo no pueda ver, ello le enseñará a abrir sus propios ojos ante sus capacidades, ideas y actitudes.

Las recompensas se evidenciarán cuando su hijo comience a decir cosas como: "Sé que querías llevarme a almorzar porque te gusta estar a solas conmigo", "Esta semana me fue mucho mejor en matemática que la semana pasada" o "¿Verdad que ésta es una gran idea?". Pronto observará que enseñarle a su hijo a encontrar algo, por pequeño que sea, que pueda valorar respecto de su propio comportamiento, es un regalo maravilloso y duradero, aunque los resultados finales sean más o menos extraordinarios, y aunque su hijo se vea cubierto de parabienes o desolado. El hecho de que él tenga en cuenta las etapas que conforman el camino lo convertirá en un triunfador.

No olvide lo siguiente

1. No abrume a su hijo con consejos y reprimendas. Recuerde: los niños progresan por medio de incentivos y no de críticas.

2. Los buenos resultados siempre pueden ser una buena fuente de orgullo, pero además usted puede elevar la autoestima de su hijo si se concentra también en sus pequeños logros.

3. Si no hay demasiado que elogiar, concéntrese en la intención con objeto de incrementar la autoestima de su hijo.

4. Emplee las siguientes técnicas para destacar los pequeños éxitos:

   - *Concéntrese en el esfuerzo y el progreso.*

   - *Concéntrese en la capacidad para resolver problemas.*

   - *Concéntrese en la actitud.*

   - *Concéntrese en la intención.*

Nota final

A lo largo de este libro hemos estudiado cómo los padres pueden conducir a sus hijos de manera que se reduzcan el caos y las disputas y se incrementen el comportamiento responsable y la autoestima. Nos hemos centrado en situaciones características que forman parte de cualquier jornada y de cualquier padre, y hemos sugerido algunos esquemas de uso práctico que harán que mejore la relación con su hijo. Hemos intentado enfatizar que los mismos métodos que sirven para crear relaciones saludables y sólidas entre padres e hijos le proporcionarán a su hijo las habilidades que necesitará a lo largo de toda su vida. Al emplear estos métodos para mejorar la relación con su hijo, también mejora la capacidad del niño para:

- adaptarse a los hábitos
- negociar y ceder
- resolver problemas y poner las soluciones en práctica
- considerarse una persona responsable capaz de controlar su propio futuro
- resolver conflictos
- evaluarse como una persona capaz, que puede aprender tanto de sus errores como de sus éxitos.

Estos métodos son las semillas para el éxito de su hijo, puesto que se aplican en muchos desafíos que se le presentarán en su vida. Junto con esta formación invalorable, debemos recordar un último ingrediente: cómo tratarse a sí mismo como padre. No

205

existe nada más eficaz para la enseñanza del autorrespeto como el ejemplo que dan los padres respecto de cómo se tratan a sí mismos. Y no existe nada más válido para la enseñanza de la comprensión y de la compasión que los mismos padres la demuestren, no sólo hacia sus hijos sino hacia sí mismos. Recuerde: tómese un tiempo para ocuparse de usted, de la misma forma que desea que sus hijos se ocupen bien de sí mismos cuando no están bajo su supervisión.